Rudolf Hubert

in Zusammenarbeit mit Thomas Hoffmann

„PILGER DER HOFFNUNG"

Geistliche Wochenimpulse

Impressum: „Pilger der Hoffnung"
Geistliche Wochenimpulse
von Rudolf Hubert
in Zusammenarbeit mit Thomas Hoffmann

Herausgeber: Hans-Jürgen Sträter

Verlag: BoD · Books on Demand GmbH,
In de Tarpen 42, 22848 Norderstedt,
bod@bod.de

Druck: Libri Plureos GmbH
Friedensallee 273, 22763 Hamburg

ISBN: 978-3-7693-7886-3

Ausgabe: 2025

Hier weitere Bücher von Rudolf Hubert

Inhalt

Geistliche Wochenimpulse - Einleitung

Das Jahr 2025 bringt für mich etwas wirklich Neues. Nach über 45 Jahren Dienst bei der Caritas und mit fast 67 Jahren bin ich tatsächlich – Rentner geworden. Wie sich das anhört und anfühlt? Irgendwie komisch, denn ich bin ja nicht ‚arbeitslos' bei unseren 4 Kindern mit den mittlerweile 6 Enkeln, die z. T. ziemlich weit weg wohnen und sich über manche Hilfe im Haushalt und bei der Erledigung der Schulaufgaben freuen. Und die Reisen mit meiner Frau, die Arbeit in der Gemeinde, das ehrenamtliche Mittun bei caritativen Projekten und die Überlegungen in Bezug auf den neu zu gründenden „Norddeutschen Rahner – Kreis"[1] – ich würde die Unwahrheit sagen, wenn ich diese Dinge nicht auch als Geschenke betrachte für die mir verbleibende Lebenszeit.

Ein kleines Projekt möchte ich mit dem heutigen Tag beginnen. Anknüpfen möchte ich dabei an die guten Erfahrungen in der Caritas mit den geistlichen Wochenimpulsen und den damit verbundenen vielfältigen, zumeist positiven Rückmeldungen. Es sind vor allem diese Äußerungen vieler Caritas -Mitarbeiterinnen und Mitarbeiter, die mich ermutigt haben, so etwas auch privat weiterzuführen. Wenn auch sicherlich nicht mit der bisherigen Frequenz und Kontinuität. D. h., dass es durchaus vorkommen kann, dass ein Impuls in einer Woche ausfällt oder dass nicht jedes Feedback sofort beantwortet wird. Als Rentner hat man auch gewisse Freiheiten…Doch Spaß beiseite: Es ist versprochen und ich möchte mich auch als Rentner nicht um Verlässlichkeit und Fairness herumdrücken.

Für das Jahr **2025** habe ich ein **Jahresmotto** gewählt: **Das Gottesgerücht**[2]. „Das Gottesgerücht" ist der Titel eines kleinen Buches von Paul M. Zulehner, einem Wiener Theologen, geb. 1939, aus dem Jahre 1987, das schon im Jahr 1988 die 5. Auflage erfuhr. In ihm geht es – wie es auch der Untertitel sagt – um „Bausteine für

---

[1] Ich persönlich halte die Umsetzung vieler Impulse der Theologie von Karl Rahner für die Kirche der Zukunft für unerlässlich und sehe sie als Vermächtnis an, das in vielen Bereichen unserer Kirche noch längst nicht eingelöst worden ist.
[2] Paul M. Zulehner „Das Gottesgerücht" – Bausteine für eine Kirche der Zukunft, Düsseldorf 1988 (5. Auflage)

eine Kirche der Zukunft". Und es ist sicherlich kein Zufall, dass dieses Buch von einem Theologen verfasst wurde, der mit seinem Lehrer, Karl Rahner noch im Jahr 1983 ein Interview führte, das dann auch in Buchform veröffentlicht wurde und ebenfalls mehrere Auflagen erlebte über die Seelsorge von heute und morgen. In gewisser Weise sind beide Bücher, nämlich „Das Gottesgerücht" und **„Du kommst unserem Tun mit deiner Gnade zuvor"[3]**, eine Weiterführung bzw. eine (teilweise) Umsetzung jener Impulse, die Karl Rahner in seinem Programmbüchlein für die Würzburger Synode 1972 unter dem Titel **„Strukturwandel der Kirche als Aufgabe und Chance"[4]**erarbeitete.

Das Jahresmotto habe ich thematisch unterteilt und auf die einzelnen Monate aufgeteilt. Dabei ließ ich mich von der Gliederung aus dem **Jahreslesebuch von Benedikt XVI. / Joseph Ratzinger, „Berührt vom Unsichtbaren"**, inspirieren. Diese Gliederung ist ein guter ‚roter Faden' durch das Kirchenjahr. Joseph Ratzinger hat selbst das Vorwort zur Sonderausgabe 2005 hierfür geschrieben anlässlich seiner Wahl zum Papst der römisch – katholischen Kirche.

Die Impulse orientieren sich thematisch zwar an den jeweiligen Überschriften. Es ist aber keinerlei Vollständigkeit angestrebt, ebenso wenig eine inhaltliche Geschlossenheit. Mir geht es um etwas sehr Einfaches: Anhand einiger Überlegungen großer Glaubenszeugen, wie Karl Rahner, Joseph Ratzinger/Benedikt XVI., Hans Urs von Balthasar, Eugen Drewermann, Paul M. Zulehner, Romano Guardini, Hans Küng, Reinhold Schneider u.v.a. möchte ich fragen, ob das „Gottesgerücht" heute und morgen noch gehört wird, ob es sich lohnt, sich darauf einzulassen oder ob es veraltet ist, nichtssagend und irrelevant.

---

[3] Paul M. Zulehner im Gespräch mit Karl Rahner „Denn du kommst unserem Tun mit deiner Gnade zuvor" – Zur Theologie der Seelsorge heute (Neuauflage 2002 Schwabenverlag AG Ostfildern)

[4] Karl Rahner „Strukturwandel der Kirche als Aufgabe und Chance", Freiburg – Basel – Wien 1972. Auch dieses Büchlein – einst von vielen, besonders Amtsträgern in der Kirche verschmäht- wurde 1989 und 2019 neu aufgelegt.

Ohne hier schon irgendeine inhaltliche Begründung mitzuliefern, möchte ich meine eigene Position gern und klar mitteilen, denn ich denke, der Leser hat ein Anrecht darauf, von vornherein zu wissen, wo ich stehe. Also, ich bin davon überzeugt, dass die Kirche von heute und morgen eine **„Kirche der Mystik"** sein wird, ebenso eine **„geschwisterliche und eine politische Kirche."** [5]

Die einzelnen Monate des Jahres 2025 stehen unter folgenden thematischen Schwerpunkten:

Januar – Allem Anfang wohnen ein Zauber und ein Glaube inne[6]
Februar – Unterwegs zu dem, was wir sind und wonach wir uns sehnen
März – Mit den Augen des Herzens auf der Suche nach Wahrheit und Liebe
April – Österliche Lebensspuren wiederfinden in einer weltlichen Welt
Mai – Von der großen Hoffnung des kleinen Senfkorns
Juni – Chancen und Herausforderungen der Zeit, in der wir leben
Juli – Gewissheiten und Verunsicherungen des Glaubens in unserer Zeit
August – Ganzheitlich Leben erspüren – ganzheitlich Glauben riskieren
September – Kirchliche Sinnspuren in not- und säkularen Wendezeiten
Oktober – Räume und Zeiten der spirituellen Tiefendimension des Lebens
November – Hoffnungstüren zwischen Himmel und Erde
Dezember – Die Lichtgeburt aus dem Dunkel des nur – Menschlichen

---

[5] Paul M. Zulehner „Das Gottesgerücht" – Bausteine für eine Kirche der Zukunft, Düsseldorf 1988, S. 31
[6] Ich übernehme die Gliederung aus dem Jahreslesebuch von Benedikt XVI. / Joseph Ratzinger, „Berührt vom Unsichtbaren", Freiburg-Basel-Wien 2000/ 2. Auflage der Sonderausgabe 2005

Woche 1 – Allem Anfang wohnen ein Zauber und ein Glaube inne

So lautet das Motto für den Monat Januar. Ich habe es schon angedeutet: Mit fast 67 Jahren beginnt für mich jetzt noch einmal eine neue, spannende Lebensphase. Und während ich dies schreibe, spüre ich, wie unsicher ich bin: Werde ich es ohne ‚meine' Caritas überhaupt aushalten? Wie gehe ich damit um, dass nicht mehr täglich liebe Kolleginnen und Kollegen da sind, mit denen ich über „Gott und die Welt" reden konnte? Mit denen die Lasten, aber vor allem auch die Freuden des Lebens geteilt wurden.

Ich bin gespannt auf die Zeit, die jetzt angebrochen ist, auf all die Freuden, Chancen und auch auf die Herausforderungen. Mir steht **Peter Wust** vor Augen, der „Philosoph von Münster", der 1940 – mitten im Krieg, mit nur 56 Jahren - an einer schlimmen Krankheit verstarb. Er hat in seinem letzten Lebensjahr noch ein Werk herausgebracht, sicherlich sein letztes, mit dem bezeichnenden Titel: **„Gestalten und Gedanken"**. Es ist ein wunderbares, vor allem ein mutiges Buch. Erschienen ist es, wie schon erwähnt, 1940 (!), also in dem Jahr, in dem Wust mit 56 Jahren an Krebs starb und – als Philosoph! – seinen Schülerinnen und Schülern das Gebet und nicht die Reflexion als „Zauberschlüssel" ... als „das letzte Tor zur Weisheit des Lebens" empfahl.

„Das Gebet als letzte Hingabe gefasst...macht still, macht kindlich, macht objektiv. Ein Mensch wächst für mich in dem Maße immer tiefer hinein in den Raum der Humanität (- nicht des Humanismus -), wie er zu beten imstande ist, wofern nur das r e c h t e Beten gemeint ist. Gebet kennzeichnet alle letzte ‚Humilitas' des Geistes. Die großen Dinge des Daseins werden nur den betenden Geistern geschenkt. (228)[7]

---

[7] Die in Klammern gesetzten Zahlen geben die Seitenzahlen des Buches „Gestalten und Gedanken" von Peter Wust an. Das Buch erschien im Verlag Kösel-Pustet in München 1940.

1940 war das deutsche Volk noch ganz ‚besoffen' von den Erfolgen der ‚Blitzkriege'. Und da schrieb der schon vom Tod gezeichnete ‚Philosoph von Münster', dass wir in einer Zeit leben,

„wo auch denkende Menschen die Treber der GEISTLOSIGKEIT mit Behagen annehmen und in sich hinabzuschlingen bereit sind." (172)

Wust war Sohn eines armen Siebmachers aus Rissenthal im Saarland. Sein Wunsch zu studieren, blieb lange unerfüllt; Wohltäter blieben zunächst aus, der Dorflehrer hatte wenig Empathie für den Hochbegabten. Bis der alte Pastor im Nachbarort sah, wen er vor sich hatte und Privatunterricht in Latein gab, um später Gymnasium und Studium der Theologie mitzufinanzieren. Denn er sah in dem Jungen einen künftigen Geistlichen für die Diözese Trier. Dem armen Vater brach allerdings nicht nur eine zusätzliche Einnahmequelle weg durch das Weggehen des Sohnes; die Studienkosten – schon für die Gymnasialstufen in Trier – konnte er nicht allein aufbringen. Und als Peter Wust dann doch nicht Theologie zu Ende studierte, sondern in die Philosophie wechselte und in dem Fach auch später einen Lehrstuhl erhielt, kam es zu einem folgenschweren Bruch.

„Bei meinem Vater galt ich von jetzt ab als ein ‚Abtrünniger', als ein ‚Verlorener Sohn'". (207)

Interessant ist in diesem Zusammenhang auch, dass Peter Wust sein letztes philosophisches Werk – eigentlich das einzige, das er noch gelten lassen wollte– **„Ungewissheit und Wagnis"** (1937) - beginnen lässt mit der Parabel vom „Verlorenen Sohn" und nicht vom „Barmherzigen Vater".

Warum kommt mir gerade heute, nach 85 Jahren, jener Philosoph aus Münster in den Sinn, den kaum noch jemand näher zu kennen scheint? Es sind vor allem drei Gründe, die fast prophetisch auch in unsere Zeit heute hineinsprechen:

- Nichts ist selbstverständlich. Es kommt oft darauf an, den richtigen Kairos nicht zu verpassen.

- Vieles im Leben ist geschenkt. Die Dankbarkeit ist eine Grundtugend, die helfen kann, die vielen angeblichen Selbstverständlichkeiten im Leben wahr – und ernst zu nehmen.
- Mut und Wagnis sind auch heute, auch in der Kirche, in der Caritas gefragt, wenn wir Menschen mitnehmen wollen auf den Weg des Glaubens, der in' s Weite führt. Der Offenheit verbürgt, der Engen sprengt und Vorurteile und der vor allem Freiheit schenkt.

Der Satz: „Wo auch denkende Menschen die Treber der GEISTLOSIGKEIT mit Behagen annehmen und in sich hinabzuschlingen bereit sind."- er fasziniert mich ungemein. Man stelle sich die Zeit vor, in der dieses prophetische Wort gesagt wurde. Jene Zeit, in der Macht vor Recht ging, in der jüdische Menschen und auch andere nicht als Menschen galten, jene Zeit, die vom „Herrenmenschen" sprach und jeden in' s Konzentrationslager steckte, der den Herrschenden ein ‚Dorn im Auge war'. Man stelle sich vor, dass dieses Wort jemand sagte', der wusste – ohne Wenn und Aber – dass seine Tage im wörtlichen Sinne gezählt sind. Für mich sind diese Worte wie ein Vermächtnis. Ein Vermächtnis, aufzustehen, wo Unrecht geschieht, die Wahrheit zu sagen, wo Hass gelehrt wird und sich ausbreitet. Vor allem aber ist dieses Wort deshalb – auch und gerade für unsere Zeit – ein Vermächtnis, weil es aus dem Gebet heraus lebt. Für Peter Wust war das „Gottesgerücht" keine Nebensache. Seinem Leben – und man darf es sicher auch sagen – seinem Sterben wohnte ein Glaube inne, der – so ist unsere Hoffnung – in' s Schauen übergegangen ist.

Woche 2 – Die alles bestimmende Wirklichkeit

Heute Vormittag ging ich in die Stadt, um etwas zu besorgen. Dabei kam ich vorbei an einem Partei-Büro, dessen ‚Farbe' unschwer zu erraten war angesichts der vielen Plakate und der eindeutigen Forderungen, dass wir doch keine amerikanischen Raketen in unserem Land brauchen. Mir stellte sich die Frage, warum gerade so ausgewählt wurde, zumal in unmittelbarer Nachbarschaft, in der Ukraine, täglich russische Raketen Verwüstungen, Tod und Zerstörung anrichten. In der Tat: Wer braucht solche Waffen? Und sollte nicht zuallererst klar und unmissverständlich formuliert werden, dass niemand das Recht hat, mit Waffengewalt das Völkerrecht zu brechen, Grenzen zu verletzen und andere Länder und Völker zu unterdrücken?

Szenenwechsel: Da spricht ein gewählter amerikanischer Präsident davon, dass er nicht ausschließen könne, Gewalt gegen Schwächere anzuwenden, wenn man auf seine Bedingungen nicht eingeht. Da werden in großen Internetforen Hass und Hetze ungefiltert weitergegeben, Verschwörungsmythen wird buchstäblich ‚Tür und Tor geöffnet'. Man muss kein Marxist sein, um klar zu sehen, dass – wenn alles zur Ware wird, wenn alles käuflich ist – Liebe, Treue, Wahrheit nichts mehr gelten. Denn – und das scheint mehrheitlich erlebbare Wirklichkeit, auch im Jahr 2025 zu sein - Konsum, Reichtum, Luxus und Macht die neuen ‚Götter' sind, denn sie sind die ‚alles bestimmende Wirklichkeit'.

Erneuter Szenenwechsel: Apokalyptische Bilder der Feuersbrunst aus Kalifornien. Menschen verlieren alles, sämtliches Hab und Gut, einige ihr Leben, viele ihre Hoffnung und ihren Glauben an die Zukunft. Ich spreche mit einem netten Herrn aus der Nachbarschaft darüber, dessen Kommentar mich fassungslos zurücklässt: „Na, da trifft es endlich einmal die Richtigen. Die Reichen und die Schönen – was wissen die denn schon vom Leben? Jetzt spüren sie 'mal, wie es im Leben wirklich zugeht." Mir blieb nur das eine Wort – das ich nicht aussprechen konnte-, und was ein Schauspieler voller Verzweiflung in' s Internet stellte: SPRACHLOS!

Was bewahrt angesichts dieser Situation vor Fatalismus? Was könnte einen Perspektivwechsel ermöglichen? Verdrängung, Ignoranz oder Rationalisierung sicherlich nicht. Dann schon eher eine ungeschminkte Analyse:

„Der Preis, den zunehmend viele Menschen für unsere gottvergessene (Un-)Kultur zahlen, ist hoch; zu hoch sagen viele.

Typisch für diese Zeit, die reich ist an Gütern, ist die Knappheit an Sinn. Die „noogene Neurose" plagt viele, und dies in Ablösung der einst vorherrschenden sexuellen oder der Autoritätsneurosen. Wir haben viel, aber was soll das Ganze? Neue Werte werden gesucht, der Wertewandel wird beschworen. Aber der Ausweg aus der Sackgasse scheint nicht zu gelingen. Schon häufiger ist vielfältige Flucht, wobei der gemeinsame Nenner dieser Fluchtversuche darin besteht, dass das Bewusstsein gedämpft oder ganz getötet wird. Dazu eignen sich Alkohol, Drogen, Überkonsum von Fernsehen, die Flucht in die Krankheit, Kriminalität, das Untertauchen in geschlossene heile Welten (wie sektoide Gruppen) und im äußersten Fall in den Selbstmord." [8]

Mir hilft bei all dem, wenn buchstäblich ‚alles in Frage steht', ein Hinweis von Eugen Drewermann weiter. Denn wenn es um den Menschen als „individuelle Person" geht -so Drewermann -

> „beginnen all die Fragen, auf welche die Natur keine Antworten mehr hat."[9]

Ja, die eigentlichen Fragen beginnen dann erst, die nach Sinn, nach Wahrheit, nach Gerechtigkeit. Aber auch die Fragen nach dem Umgang mit Mutlosigkeit, mit Angst und mit Ohnmacht. Anschaulicher als in den Fernsehbildern aus Kalifornien in diesen Tagen geht' s kaum, wenn ich mir meine eigenen Gefühle eingestehe. Gerade angesichts dessen weiß ich aber auch, dass niemand auf Dauer leben kann ohne Hoffnung und jeder Aussicht auf Rettung. Religiös würde man von der Sehnsucht nach Erlösung sprechen.

Doch was ist mit all dem unendlichen, abgrundtiefen menschengemachten Leid, das uns tagtäglich die Luft zum Atmen nimmt angesichts der Bilder von Verstümmelung, Vergewaltigung, blindem Hass und zügelloser Wut, die sich ganzer Staatsapparate bedient, um sich auszutoben? Was sage ich mir, was sage ich all jenen, die am Verzweifeln sind und erst recht nicht glauben können

---

[8] Paul M. Zulehner „Das Gottesgerücht" – Bausteine für eine Kirche der Zukunft, Düsseldorf 1988 (5. Auflage), S.42
[9] Eugen Drewermann „Wir glauben, weil wir lieben", Ostfildern 2010, S. 162

an einen „Gott, der alles so herrlich regieret"? [10] Vielleicht ist es auch hier hilfreich, sich nichts vorzumachen und die ‚Alternative' zur Glaubensoption klar vor Augen zu führen:

> „Man kann sich gegen alles das entscheiden, wovon sich Jesus überzeugt gab: dass unser Dasein in den Händen eines <<väterlichen>> Gottes ruhe, der möchte, dass wir sind, und der uns selbst im Tode nicht verlassen werde; - dann aber muss man sich für eine Welt entscheiden ohne Gnade, und man muss dann auch wissen, was man damit auf sich nimmt; oder man wählt für sich den Standpunkt Jesu, dann wird der Mann aus Nazareth zum Grund für eine Menschlichkeit, wie sie sonst nicht zu leben wäre, er wird zum letztgültigen Sprachrohr Gottes, er wird absolut. An Jesus glauben als den Christus, den <<Sohn Gottes>>, ist deshalb eine Aussage über den Glaubenden…"[11]

Allerdings:

> „Die Frage bleibt, wie subjektiv reflex und ausdrücklich dieses Bekenntnis sich darbieten muss, um wahr zu sein. So wie es Leute gibt, die sich den Worten nach als Christen zu erkennen geben, obwohl in Wirklichkeit ihr Leben einem skandalösen Götzendienst gleichkommt, so wird es andere geben, die den Worten nach nicht sagen würden, dass sie Christen seien und die es doch entsprechend dem <<empirischen>> Kriterium in vollem Sinne sind. Wie viele gibt es, die wie selbstverständlich aushalten unter schwierigsten Bedingungen – an der Seite eines schwererkrankten Mannes, eines dement gewordenen Vaters, eines drogenabhängigen Sohnes? Sie fragen nicht lange nach Begründungen und Prinzipien, doch die Treue, die sie leben, hat etwas von Jesu Gleichnis vom barmherzigen Samariter…"[12]

---

[10] Aus dem Kirchenlied „Lobe den Herren, den mächtigen König der Ehren" (Strophe 2) „Gotteslob", Nr. 392
[11] Eugen Drewermann „Wendepunkte", Ostfildern 2014, S. 229
[12] Eugen Drewermann „Wendepunkte", Ostfildern 2014, S. 223 - 230

Wenn allem Anfang ein Zauber innewohnt und ein Glaube, dann kommt er ganz bestimmt von all jenen Menschen, deren Leben etwas zeigt „von Jesu Gleichnis vom barmherzigen Samariter..."

Woche 3 – Glaube in winterlicher Zeit

„Glaube in winterlicher Zeit" ist nicht nur der Titel eines Buches über „Gespräche mit Karl Rahner aus den letzten Lebensjahren" [13]. Irgendwie hat der Glaube in unserer Zeit etwas mit der Jahreszeit des Winters zu tun: Einerseits scheint er kaum noch vorzukommen, ja, er scheint, so wie vieles in der Natur im Winter, abgestorben oder eingefroren zu sein. Doch die Ambivalenz ist kaum zu übersehen, denn erstens – so lehrt es uns die Erfahrung – kommt nach jedem Winter auch ein Frühling und dann auch der Sommer. Zweitens ist die scheinbare Winterstarre oft genug auch die Zeit des Kräftesammelns, des Schlafes, der Erholung und des Regenerierens.

Manch' einer mag die Situation der „Kirche in der Welt von heute" [14] pessimistisch deuten. Glaube scheint überholt zu sein, irrelevant. Übersehen sollte man allerdings dabei nicht, dass eine ehrliche Bestandsaufnahme immer – zumindest auch – unerlässlich ist für die „Öffnung des Herzens"[15]. So deute ich auch das vielleicht tiefsinnigste und bedeutendste Werk Reinhold Schneiders „Winter in Wien" [16]. Ich verschweige nicht, dass es sehr unterschiedliche, teilweise gegensätzliche Reaktionen hervorrief: Für die einen war es

---

[13] Glaube in winterlicher Zeit – Gespräche mit Karl Rahner aus den letzten Lebensjahren" – herausgegeben von Paul Imhof und Hubert Biallowons, Düsseldorf 1986

[14] Konzilskonstitution „Gaudium et spes" – Karl Rahner/Herbert Vorgrimler „Kleines Konzilskompendium, Freiburg-Basel-Wien 1967, S. 449 ff

[15] „Öffnung des Herzens" ist das erste Kapitel von Rahners Long- und Bestseller „Von der Not und dem Segen des Gebetes" – Sämtliche Werke Karl Rahners (erscheinen im Herder Verlag Freiburg; abgekürzt SW) 7, S. 40 ff

[16] Reinhold Schneider „Winter in Wien", Freiburg-Basel- Wien 1958; Das Buch erlebte viele Auflagen, im Jahr 1982 erschien die 13.Auflage – Das Buch ist auch als Taschenbuch in der Herder-Bücherei erschienen.

„das frömmste Buch"[17] Schneiders, für andere war es Abfall, Resignation, Absturz.[18]

In seinem Buch „Glaubensimpulse"[19] widmet Eugen Biser (1918 – 2014) Reinhold Schneiders „Winter in Wien" einen Aufsatz unter dem Titel: „Versöhnter Abschied. Zum geistigen Vorgang in Schneiders ‚Winter in Wien'".[20] Es ist – bezeichnenderweise – Bisers letzter Aufsatz in dieser Sammlung. Das o. g. Zitat beschließt diese, so dass es wie ein Resümee aussieht, wie Bisers Fazit all seiner Überlegungen:

> „Heute besteht das Problem nicht mehr darin, dass keine Wunder geschehen, sondern dass niemand mehr danach Ausschau hält: „Immer schmaler wird die Tafel des Bräutigams, immer breiter werden die Tische, an denen niemand nach Wundern verlangt" (74). Das ist ohne Betonung, ja ohne einen bitteren Unterton gesagt. Ist das aber ein Grund, den verhaltenen Notschrei, der sich aus diesem Wort erhebt, zu überhören?"[21]

Für die heutige Glaubenssituation scheint mir dieses Werk des 1958, mit nicht einmal 55 Jahren viel zu früh heimgerufenen Reinhold

---

[17] So Klaus Hemmerle, der frühere Bischof von Aachen in „Widerruf oder Vollendung" – Reinhold Schneiders „Winter in Wien" in der Diskussion", Freiburg-Basel-Wien 1981, S. 95

[18] Schneiders Freund und Kritiker, Hans Urs von Balthasar der ihm eine große Monografie gewidmet hat, scheint dieses Werk negativ, als „Absturz" zu qualifizieren: „In meinem Werk <<Reinhold Schneider. Sein Weg und sein Werk>> (Hegner 1953) ist die Kurve bis zum dramatischen Höhepunkt gezeigt. Die dort gegebenen Analysen der großen Dramen (200f., 208 f) erscheinen mir heute noch gültig, sie werden im vorliegenden Aufsatz nicht zurückgenommen. Dass der Absturz des Werkes von dem Höhepunkt her *möglich* war, ist aus diesem wohl zu ersehen, dass er aber *notwendig* war, keineswegs." – So Balthasar in „Spiritus Creator", Einsiedeln 1967, S. 415, Fußnote 1

[19] Eugen Biser „Glaubensimpulse" – Würzburg 1988

[20] Eugen Biser „Glaubensimpulse" – Würzburg 1988, S. 381 ff – Es ist – bezeichnenderweise – Bisers letzter Aufsatz in dieser Sammlung. Und das o. g. Zitat beschließt diese. (400)

[21] Eugen Biser „Glaubensimpulse" – Würzburg 1988, S. 400

Schneiders, nicht nur relevant zu sein. Ich halte es für notwendig im Sinne von *die Not zu wenden*. Denn die „Öffnung des Herzens" scheint mir gerade heute unerlässlich zu sein für eine glaubwürdige Gestalt des Glaubens und des Gebetes. Nur so können wir etwas erfahren von der „Not und dem Segen des Gebetes"[22]:

Woche 4 – „Wenn Gott verschwindet…"

In meinem privaten Bücherregal stehen zwei Bände nebeneinander. Ich habe sie bewusst nebeneinandergestellt, sprechen sie doch zwei gegensätzliche Lebensoptionen aus: Das eine Buch trägt den Titel: *„Gottlos glücklich"*[23], das andere heißt *„Wenn Gott verschwindet, verschwindet der Mensch"*[24]. Mir scheint, dass es hier keinen Kompromiss geben kann; entweder kann man gut und gerne ohne Gott leben, ja glücklich werden ohne ihn oder aber mit seinem Verschwinden ist es auch um uns als Menschen geschehen. Ein Kompromiss zwischen diesen beiden ,Weltanschauungen' scheint mir ausgeschlossen zu sein, ich kann ihn mir jedenfalls nicht vorstellen.

Wie kann man die Situation eines Lebens ohne Gott in eine griffige Formel bringen? Vielleicht so, wie es zu Beginn des Buches „Wenn Gott verschwindet, verschwindet der Mensch" versucht wird mit der Aussage:

>>Wir sind immer noch unterwegs, aber wir wissen nicht mehr wohin. <<[25]

Einen weiteren Fingerzeig verdanke ich dem bekannten Musiker John Lennon, der sagte:

---

[22] Karl Rahner „Von der Not und dem Segen des Gebetes" SW 7, S. 39 ff
[23] Philipp Möller „Gottlos glücklich", Frankfurt/Main 2017
[24] Rolf Bauerdick „Wenn Gott verschwindet, verschwindet der Mensch", München 2016
[25] Rolf Bauerdick „Wenn Gott verschwindet, verschwindet der Mensch", München 2016, ganz vorn

>>Ich weiß nicht, was zuerst verschwinden wird- der Rock' n Roll oder das Christentum. <<[26]

Es scheint bei all dem um Orientierung bzw. Orientierungslosigkeit und um Freude bzw. Freudlosigkeit zu gehen. Man könnte jetzt eine ‚Litanei' anstimmen über den ‚modernen Menschen', über seine Größe und seine Abgründe. Gerade dies geschieht es ja bekanntermaßen derzeit auf allen ‚Kanälen'. Was interessiert dabei die ‚Wahrheit'? Was soll das überhaupt sein, ‚Wahrheit'? So fragte schon Pilatus im Prozess, in dem es um Jesu Anspruch und Botschaft ging. Und super reiche Menschen von heute interessiert diese Frage doch nur (noch) am Rande; sie stört eher. Vielleicht den Absatz, sie ist ‚Sand im Getriebe' des noch mehr Geldverdienens – da sind Fake News und Halbwahrheiten viel besser und deshalb auch sehr willkommen. Was soll das aufwendige Bemühen um Prüfung von Sachverhalten, wenn sie eh' zusätzliche Kosten verursachen und dem Profit, der Geldgier nur im Wege stehen?

Mir scheint ein anderer Weg zur Orientierung zwischen diesen beiden gegensätzlichen Lebensoptionen erfolgversprechender zu sein. Denn ich glaube, man kann eine direkte Proportionalität herstellen zwischen echtem Glauben und echter Freude. Zudem: Die Freude aus dem Glauben – auch das scheint mir ein echtes Kriterium zu sein – kann man nicht für sich behalten. Diese Freude verdoppelt sich, indem man sie (mit)teilt. So wie in einem modernen Credo, einem zeitgemäßen Glaubensbekenntnis:

„Ich glaube an Gott und daran,
dass er mir die Chance gibt zu leben.
Ich glaube an Jesus und daran,
dass er mein Bruder ist.
Ich glaube an Gottes Geist und daran,
dass er ein Licht in mir entzündet.
Die Bosheit, mit der ich mich täglich herumschlage,

---

[26] Rolf Bauerdick „Wenn Gott verschwindet, verschwindet der Mensch", München 2016, ganz vorn

hört einmal auf.
Das ist der Anfang meines neuen Himmels,
und meiner neuen Erde.
Ich hoffe und glaube,
dass wir Menschen Freunde werden,
dass Zorn und Niedertracht in uns sich lösen.
In allen Sprachbüchern werden einmal die Worte
Egoismus, Unmenschlichkeit, Hass, Tod
gestrichen sein.
Und dann sind nur noch
Fröhlichkeit und Leben.
Unzählige Tautropfen-
wie Diamanten
auf morgendlichen Wiesen!"[27]

Woche 5 – Pilger der Hoffnung I

Analyse

Der neue amerikanische Präsident ist gar nicht ‚neu'. Seine Parolen und Drohungen sind altbekannt aus seiner ersten Amtszeit. Sie hat ihrerseits schon für reichlich Verwirrung gesorgt hat. Das gleiche gesellschaftliche Spiel wiederholt sich: Drohungen, Prahlerei, persönliche Beleidigungen, Herabsetzungen. Wir leben in Zeiten, in denen man kaum mehr unterscheiden kann zwischen oben und unten, rechts und links, wahr oder falsch. Wie denn auch, wenn von reichen und einflussreichen Männern die Lüge, die Beleidigung ‚salonfähig' gemacht wurden und werden. Da äußert beispielsweise ein Professor, dem es in Deutschland leidlich gut zu gehen scheint, in einer Rundfunksendung mit dem Titel „Redezeit", unverhohlen die Meinung, es wird nur Frieden in der Ukraine geben, wenn Gebiete dauerhaft dem Aggressor überlassen werden. Mir tat nicht nur eine ukrainische Bürgerin leid, die mit tränenerstickter Stimme sagte, dass es für sie unerträglich ist, so etwas zu hören. Sie erinnerte daran,

---

[27] Alfred Müller-Felsenburg in „Jeder Tag ein neuer Anfang", Augsburg-München 2003 (10.Januar)

dass ihr Land die eigenen Atomwaffen vollständig dem Nachbarn überließ und im Gegenzug Sicherheitsgarantien erhielt, die am Sitz der UNO hinterlegt wurden.

Ich kann sehr gut nachvollziehen, dass die Bürgerin aus der Ukraine es unerträglich fand, wenn jetzt der Hinweis aus dem ‚warmen Wohnzimmer' gegeben wird, doch endlich einem verurteilten Kriegsverbrecher das zu geben, was er mit brutalem Terror sich schon einverleibt hat. Man hätte doch auch Vorteile durch billiges Öl und Gas. Kein Wort, zur bestialischen Zerstörung von ziviler Infrastruktur, vom Weltkulturerbe – Beispiel Odessa – kein Wort mehr von Mariupol, von Melitopol, von Butscha, kein Wort davon, dass Russland einseitig die Grundakte „NATO-Russland" aufkündigte, ebenso den NATO-Russland – Rat, in dem die Sicherheitsinteressen, auch Russlands, beispielsweise bezüglich der Nähe der Atomwaffen, der Mannschaftsstärke an den Grenzen etc. vertraglich – und zwar bilateral – vereinbart wurden. Kein Wort vom (hier ist das Wort unerträglich angebracht!) Zögern westlicher Staaten auf Grund der (angeblichen) Sicherheitsinteressen der Atommacht Russlands bei der Belieferung der Ukraine mit genügend Abwehrwaffen. Mit Abwehrwaffen wohlgemerkt! Das wurde vom russischen Aggressor vielmehr entsprechend ‚honoriert', indem in Kaliningrad neue, atomar bestückte Mittelstreckenwaffen, die zwar Europa, nicht jedoch Amerika bedrohen und erreichen können, aufgestellt wurden.

Offensichtlich sind die Maßstäbe für Recht und Wahrheit erheblich ins Rutschen gekommen, vielleicht sind sie mancherorts auch schon gänzlich verlorengegangen.

Woche 6 – Pilger der Hoffnung II

Gefahren

Ja, Recht und Wahrheit und Freiheit werden medial sogar diffamiert als ‚Herrschaftsinstrument der Eliten' und als Unterdrückung der Meinungsfreiheit. Vielleicht muss man es so deutlich sagen: Wenn

Parteien um ein ‚Butterbrot' (sprich russisches Gas und Öl) bereit sind, elementare Werte, wie beispielsweise das Nichtakzeptieren der Grenzen souveräner Staaten, zu billigen, dann mag es angehen, dass sie auf des ‚Volkes Stimme' hören. Wenn elementare Werte wie Wahrheit und Recht buchstäblich ‚über Bord gehen', dann kann ‚Volkes Stimme' auch in den Abgrund führen. Ich habe in der DDR gelernt, wie man die Demokratie als so genannte ‚bürgerliche Demokratie', verächtlich gemacht hat. Sie galt es abzulösen durch die ‚Diktatur des Proletariats'. Merken manche Wahlkämpfer nicht den Würgegriff, der von ‚rechts' und ‚links' gleichermaßen um die Demokratie gelegt wird? Dabei ist die Grundsatzfrage sehr einfach: Entweder es geht um gesellschaftliche Prozesse i n n e r h a l b der demokratischen Ordnung oder diese wird grundsätzlich in Frage gestellt und als untauglich dargestellt, gesellschaftliche Probleme heute zu lösen.

Woche 7 – Pilger der Hoffnung III

Glaube-Hoffnung – Liebe

In diese Zeit hinein veröffentlicht der Papst mit 88 Jahren seine Autobiografie, die nur ein Thema kennt, die Hoffnung. In dieser Zeit feiern Katholiken weltweit das Heilige Jahr unter dem Titel: Pilger der Hoffnung. Sind Christen Realitätsverweigerer, ‚Traumtänzer', Neurotiker, die sich die Welt so herbeiphantasieren, wie sie sie gerne hätten und die nicht wahrhabenwollen, dass die Realität nun einmal so ist, wie sie ist? Ich glaube, das Gegenteil ist der Fall. Glaube hatte und hat immer mit Wagnis, mit Mut zu tun. Glaube und Hoffnung, die sich in Liebe umsetzt, speist sich aus Quellen, die von weiter herkommen als vom eigenen Machen, eigenen Können, eigener Expertise. Von Reinhold Schneider (1903-1958) lernte ich etwas über meinen Glauben und über Religion, das mit dem herkömmlichen Verständnis von Religion nur bedingt etwas zu tun hat. Schneider schreibt in einem seiner letzten Werke:

„Religion ist heroischer Widerspruch gegen die Erfahrungswelt, Weisheit der Kinder, unbedingte Hingabe an den stummen Fährmann in schutzlosem Boot, auf der Fahrt durch die kosmische Nacht..."[28]

Angesichts der überbordenden Meinungsvielfalt, um nicht Meinungswirrwarr zu schreiben, hilft mir mitunter ein klares, unübersehbares Stoppzeichen aus dem Glauben, wie es Hans Urs von Balthasar (1905-1988) in seiner unnachahmlichen Art und Weise formulierte:

„Wir sind es unserer Mitwelt nicht schuldig, mit ihr unfähig zu sein." [29]

Wo aber kommt denn Hoffnung her, eine Hoffnung, die sich aus dem Wissen um das Je-Größer-Sein Gottes speist? Karl Rahner (1904-1984) gibt zunächst zu bedenken:

„Wo der Mensch keinen Gott hat, in dessen Unbegreiflichkeit er sich willig hineinfallen lassen kann, gerät er unter die Herrschaft partikularer Götzen, in denen die rationale Kalkulation, die Technik, der Stolz, alles machen zu können, das perfekte Funktionieren eines Systems, der Sexus, die Macht und so fort absolut gesetzt monoman zum einzigen Ausgangspunkt und zum je einzigen Richtmaß des Handelns und des Lebens gemacht werden." [30]

Die nachfolgende Zeitdiagnose ist an Aktualität kaum zu überbieten:

„Aus dieser schrecklichen Tendenz, einzelne Wirklichkeiten und Werte absolut zu setzen, zu vergöttlichen, zu vergötzen...erwachsen dann Fanatismus der Weltanschauungen, die entsetzliche Intoleranz der gesellschaftlichen Systeme, die tobende Lautstärke der

---

[28] Reinhold Schneider „Der Balkon", Wiesbaden 1957, S. 170 f
[29] Aus „Mut zur Tugend" – Über die Fähigkeit, menschlicher zu leben - Freiburg-Basel-Wien 1979, S. 224-226(Hans Urs von Balthasar)
[30] Aus Karl Rahner „Schriften zur Theologie", XIV; Zürich-Einsiedeln-Köln 1980, S. 420

Propaganda, die arrogante und entsetzlich dumme Schwarz-Weiß-Malerei in der Politik…"[31]

Wie sieht es denn nun aus, das ‚Leben aus dem Glauben'? Aus einem Glauben, der uns zu „Pilgern der Hoffnung" macht? Karl Rahner, dessen Leben und auch Denken stark von den Impulsen seines Ordensgründers, des Hl. Ignatius von Loyola geprägt ist, gibt uns eine wertvolle ‚Pilgerinformation', die einer Wegweisung gleichkommt:

> „Man darf nichts einzelnes absolut setzen, auch sich selber nicht; man soll alles wichtig nehmen und doch nichts so ganz wichtig nehmen; man soll nicht meinen, alles zu wissen und alles beherrschen zu können; man muss sich loslassen können ohne vorausgehend nachgeprüfte Garantie, dass man ankommt…Wenn man dies tut, immer aufs Neue versucht…dann liebt man Gott, dann erst versteht man, was mit diesem Wort überhaupt gemeint ist, dann fallen die Götzenbilder am Weg unseres Lebens, auch die Götzen, zu denen wir legitime Zukunftsplanung und nur zu verständliche Zukunftsangst gemacht haben."[32]

Woche 8 – Pilger der Hoffnung IV

Gibt es eine Magna Charta, ein Grundgesetz für das Heilige Jahr der Hoffnung 2025? Sicher, man könnte auf Jesu Bergpredigt verweisen. Auch auf die 10 Gebote oder das Hauptgebot der Gottes- und Nächstenliebe. Mir fällt angesichts der vielen Fragen, Unsicherheiten und Ängste auch ein alter Text aus der Bibel ein, der eindrucksvoll

---

[31] Aus Karl Rahner „Schriften zur Theologie", XIV; Zürich-Einsiedeln-Köln 1980, S. 420

[32] Aus Karl Rahner „Schriften zur Theologie", XIV; Zürich-Einsiedeln-Köln 1980, S.421

bezeugt, dass Hoffnung kein irrealer Traum im ,Wolkenkuckucksheim' ist. Der darauf aufmerksam macht, dass nur derjenige wirklich ein Mensch der Hoffnung ist, der sie praktisch umsetzt im Hier und Heute. Gerade angesichts der vielen Unwägbarkeiten wird mir dieser Text des Propheten Jesaja immer bedeutsamer.

Aus Jes 58,7 -11)

„Wenn du einen Nackten siehst und ihn bekleidest
und dich deinem Bruder nicht entziehst,
dann wird dein Licht hervorbrechen wie die Morgenröte,
und deine Wunden werden schnell vernarben.

Deine Gerechtigkeit geht dir voran,
die Herrlichkeit des Herrn folgt dir nach.
Wenn du dann rufst,
wird der Herr dir Antwort geben,

und wenn du um Hilfe schreist,
wird er sagen:
Hier bin ich.
Wenn du der Unterdrückung bei dir ein Ende machst,

auf keinen mit dem Finger zeigst und niemand verleumdest,
dem Hungrigen dein Brot reichst
und den Darbenden satt machst,
dann geht im Dunkel dein Licht auf,

und deine Finsternis wird hell wie der Mittag.
Der Herr wird dich immer führen,
auch im dürren Land macht er dich satt
und stärkt deine Glieder.

Du gleichst einem bewässerten Garten,
einer Quelle, deren Wasser niemals versiegt."

Woche 9 – Pilger der Hoffnung V

Ein vorläufig letzter Gedanke zum Heiligen Jahr der Hoffnung beschließt den Monat Februar. Bei allen gesellschaftlichen Fragen um unsere Zukunft, bei all den Hoffnungsperspektiven oder auch den ‚düsteren Aussichten' treibt mich eine Frage um: Wie sieht es mit den Kirchen der Christenheit aus? Schon ihre Uneinigkeit könnte einer pessimistischen Stimmung das Wort reden. Dem würde ich allerdings vehement widersprechen, denn vielleicht sind die unterschiedlichen Ausprägungen eher ein Zeichen der Vielfalt, des Reichtums? Dies umso mehr, als man sich in grundsätzlichen Fragen längst einig ist. Es ist kein Zufall, dass alle christlichen Kirchen ein- und dasselbe Glaubensbekenntnis sprechen. Und ich denke, gerade im Jahr der Hoffnung sollten wir nicht die Unterschiede und die Abgrenzungen betonen. Viel näher an der Realität ist doch die Wahrnehmung einer ‚versöhnten Vielfalt' in der Ökumene.

Es ist nicht meine Absicht, Missbrauch und Missstände klein zu reden. Doch auch hier müssen die Maßstäbe nicht selten (wieder) zurechtgerückt werden, denn auch gegenüber der Kirche gilt das Wort: *Was hast du, dass du nicht empfangen hast?*

Gibt es so etwas wie Dankbarkeit, ja Liebe gegenüber der Kirche? Die Antwort ist eindeutig und klar: Ja! Ich rufe dazu zwei Autoren in den Zeugenstand, die in ihrer Haltung zur Institution Kirche unterschiedlicher nicht sein könnten: Der eine von ihnen, Klaus Hemmerle, war ein allseits beliebter Bischof im 20. Jahrhundert, der andere, Eugen Drewermann, trat aus der Kirche aus anlässlich seines 65. Geburtstages mit der Bemerkung, dass er sich damit das größte Geschenk der Freiheit selbst gemacht habe.

Hören wir zunächst Klaus Hemmerle zu:

> „Wenn man mich fragen würde, was ich am meisten in der Welt liebe, was mir das Kostbarste in der Welt ist, könnte ich wirklich nichts anderes sagen als: die Kirche! Allerdings, wenn man fragen würde, was das Vergänglichste in der Welt ist, was am meisten anders werden muss, müsste ich wiederum

sagen: die Kirche! Warum liebe ich die Kirche über alles, was ich in der Welt habe? Deswegen, weil ich daran glaube, dass in dieser Kirche mit all ihren Mängeln, mit all ihrer Not, mit all ihren Vorläufigkeiten, mit all dem, was anders sein könnte an ihr, Gott zur Menschheit steht. Und wenn ich alle Menschen liebe, dann muss ich gerade, wenn es mir um die Menschen geht, die Kirche lieben. Denn Kirche ist nichts anderes als das Zeichen dafür, dass Gott Menschen, wie sie sind, in ihrer Armseligkeit, in ihrem Nichts, in ihrer Vorläufigkeit und Relativität angenommen und ernstgenommen hat. Mein Ja zu allen Menschen ist also dadurch real und wirklich, dass ich sie hineinstelle in dieses Ja Gottes, in sein Handeln, in seine Gnade, in sein Erbarmen mit den Menschen." [33]

Und welch eine Sprache der Sehnsucht erreicht uns aus den Zeilen von Eugen Drewermann:

„Dann verbleibt eine nie endende und tief empfundene Dankbarkeit zu jener <<unsichtbaren Kirche>>, die besteht aus all den vielen, die in ihrem Leben und mit ihrem Leben standen und einstanden für ihren Glauben an die Botschaft Jesu, ein Reich Gottes sei möglich inmitten dieser Welt. Durch ihren Einsatz, ihre Unbeirrbarkeit, durch ihren Mut und ihre Treue ging Jesu Zeugnis weiter, und jeder, der es auf sich nimmt, erkennt in ihnen seine wahren Brüder, seine wahren Schwestern wieder. Es gibt sie doch, jene Gemeinschaft <<aller Heiligen>>, der wir in aller Unvollkommenheit, doch voller Sehnsucht bewundernd und bestärkt entgegenwandern, von ihr getragen und verlockt in dem Gebet, das Jesus seine Jünger lehrte: <<Unser Vater, himmlischer du, was du bist, das gelte, was du wirkst, das komme, was du willst, geschehe, wie im Himmel, so auf Erden.>> (Mt 6,9.10)[34]

---

[33] Aus Klaus Hemmerle „Gottes Zeit – unsere Zeit", München 1995, S. 166 – ursprünglich aus „Im Konkurrenzkampf der Weltanschauungen", 38 f
[34] Eugen Drewermann „Wendepunkte", Ostfildern 2014, S.326

Woche 10 – Weißt du, wieviel Sternlein stehen…

Wenn wir den Monat März unter das Motto stellen: *Mit den Augen des Herzens auf der Suche nach Wahrheit und Liebe,* dann fällt mir zunächst ein Kinderlied ein, das ich selbst als Kind gern gesungen habe und dass ich auch heute noch gern singe. Ich habe es unseren Kindern oft vorgesungen und singe es auch unseren Enkelkindern gern vor. Denn das Lied: *Weißt du, wieviel Sternlein stehen?* ist so recht dazu angetan, mit den Augen des Herzens zu schauen. In der dritten Strophe heißt es:

> *„Weißt du, wieviel Kindlein frühe, steh' n aus ihrem Bettchen auf.*
> *Dass sie ohne Sorg' und Mühe fröhlich sind im Tageslauf.*
> *Gott der Herr rief sie mit Namen, dass sie all in' s Leben kamen.*
> *Kennt auch dich und hat dich lieb, kennt auch dich und hat dich lieb."*

Was für ein Vertrauensvorschuss, welch eine Zusage: Du bist bei deinem eigenen Namen gerufen, du bist gemeint, kein anderer! Du bist geliebt. Nicht nur heute – seit unvordenklichen Zeiten - für immer! Schiller rief aus: *„Über' m Sternenzelt dort droben, muss ein guter Vater wohnen."*

Ein denkendes Schilfrohr

Ich erinnere mich an einen Urlaubsausflug in die arabische Wüste. Es war stockfinstere Nacht – und wir konnten den Sternenhimmel sehen in seiner ganzen, unermesslichen Pracht, Fülle und Erhabenheit. Wer angesichts dessen nicht in' s Staunen gerät, der ist im wörtlichen Sinn arm dran. Und doch: Wir wissen, dass der große französische Mathematiker Pascal sich zu Tode ängstigte und erschrak ob des „Schweigens der unendlichen Räume". Die nüchterne, moderne Physik zeigt uns räumliche und zeitliche Dimensionen auf, denen wir nicht gewachsen sind, die allesamt gegen Unendlich gehen, die völlig unvorstellbar sind – im Makro- und im Mikrokosmos. Dimensionen, die tatsächlich neben dem Staunen vor allem auch Schrecken und Angst hervorrufen können. Pascal verdanken wir auch ein treffliches

Bild über das Verhältnis des Menschen zum unendlichen Weltall. Er beschrieb den Menschen als ein flackerndes Windlicht, als ein schwankendes Schilfrohr, um seine Gefährdungen anzuzeigen angesichts der unendlichen Zeiten und Räume. Aber dieses Schilfrohr, das im Wind hin – und her weht, ist ein DENKENDES Schilfrohr. Damit beschreibt Pascal die große Ambivalenz des Menschen zwischen Ohnmacht und Würde.

Woche 11 – Wenn es keinen Vater mehr gibt

Unser Glaube ist keine Vertröstung angesichts von Schrecken und Einsamkeit. Er ist eine wunderbare Einladung, weil er uns in ein Kindheitsverhältnis hineinstellt. Papst Benedikt/ Joseph Ratzinger drückt dieses Verhältnis in wunderbaren Worten aus:

> „Noch eines wird mir mit dem Wort Vater[35] bewusst: dass ich nicht von mir selber bin...Dagegen möchte ich zunächst protestieren...Ich will ja mündig sein...Aber dann frage ich mich: Was ist die Alternative für mich, für den Menschen überhaupt, wenn es keinen Vater mehr gibt, ich folglich das Kindsein endgültig hinter mir gelassen habe? Bin ich dann wirklich mehr geworden? Wirklich frei? Oder habe ich nicht mit dem Vater das Prinzip der Freiheit aufgehoben? Nun bleibt nur noch die gewaltige und grausame Maschinerie des Weltalls, in der das Leben eine >>obszöne Verirrung des Kohlenstoffs<< ist, wie Friedrich Dürrenmatt meint. Jedenfalls bin ich dann allein im Dunkel, ja, im Dreck, wie noch einmal Beckett sagt. Nein, nur wenn es das Prinzip der Freiheit gibt, einen, der liebt und dessen Liebe Macht hat, dann bin ich auch frei." [36]

Zur Freiheit der Kinder Gottes berufen

---

[35] Man wird hier in gleichem Sinn von Mutter sprechen können.
[36] Joseph Ratzinger „Berührt vom Unsichtbaren", S. 262; ursprünglich in „Sich auf Gott verlassen- Erfahrungen mit Gebeten", Freiburg – Basel – Wien 1980, S. 68 f

Das „Schweigen der unendlichen Räume" kann so bedrückend sein, wie „Weißt du, wieviel Sternlein stehen" tröstend ist. Schon in den ersten Schuljahren erfahren Kinder etwas von der Evolution, der Entwicklung der Welt. Später, in den oberen Klassen, werden sie Genaueres darüber erfahren, *wie* alles geworden ist. Es ist eine sehr große menschliche Errungenschaft, dass wir es mit unserem Verstand heute vermögen, die Rätsel des Daseins zu lösen, die Wunder der Natur, das Wunder des Lebens immer besser zu verstehen. Und doch erhebt sich über diese Fülle der Erkenntnisse die eine Frage: Sind wir „ins Dasein geworfen", zur „Freiheit verdammt" (Sartre) oder sind wir „zur Freiheit der Kinder Gottes berufen", wie es uns christlicher Glaube vermittelt. Dieses Angebot kann man ausschlagen oder ignorieren, man kann es – Gott sei Dank (!) im wörtlichen Sinn – nicht (mehr) aus der Welt schaffen. Für uns Menschen entscheidet sich an der Antwort, die wir – weniger durch Worte als vielmehr durch unser gesamtes Sein und Tun – geben, eigentlich alles.

Woche 12 – Der religiöse Mensch ist ein dankbarer Mensch.

> „Aber die Wirklichkeit dieses Universums ist doch letztlich ganz anders, als es uns diese Erfahrung unserer Nichtigkeit und Verlorenheit im erbarmungslos sein Wesen treibenden Kosmos einzureden sucht…Die ungeheure, atemberaubende Geschichte des Kosmos hat ihren letzten Sinn darin, dass innerhalb dieser Geschichte scheinbar bloß punktförmig unzählige Geschichten des Geistes und der Freiheit sich ereignen können" [37]

Mit diesem „letzten Sinn" geht die Hoffnung einher, dass wir auch sorgsam(er) mit diesen Erkenntnissen umgehen, damit Homo Sapiens Segen und nicht Fluch für Um- und Mitwelt ist. Und eine andere Hoffnung bleibt ebenfalls, eine, die uns unmittelbar und direkt

---

[37] Karl Rahner „Bilanz des Glaubens", München 1985, S. 118 - 127 f – aus „Buch Gottes-Buch des Menschen" , SW 30, 179-187

angeht, auf die wir nicht verzichten können – um des Menschseins willen. Wenn wir auch immer mehr und besser verstehen, *wie* etwas geworden ist, sollten wir das Staunen darüber nicht verlieren, *dass* überhaupt etwas geworden ist. Wer das Staunen nicht verlernt, gerät auch nicht so leicht in Gefahr, das Danken zu verlernen. Man könnte fast formelhaft formulieren: Der religiöse Mensch ist ein dankbarer Mensch. Und umgekehrt gilt sicherlich auch, dass ein dankbarer Mensch etwas von dem ahnen lässt, von dem- ungeachtet aller Unterschiede – sämtliche Religionen künden.

Woche 13 – Ob uns am Ende mit der verlorenen Sprache auch das Hören und Sehen vergeht?

> „Ob wir auch im Zeitalter der Medien ein kulturelles Erbe (und einen religiösen Glauben) weitergeben, oder ob uns am Ende mit der verlorenen Sprache auch das Hören und Sehen vergeht", fragt Hans Maier mit Recht." [38]

Dieses etwas bedrückende Fazit steht in einem Buch, gleich am Anfang, welches der Autor mit „Epilog" überschrieben hat. Es ist so etwas wie ein „Durchblick", den Hans Urs von Balthasar (1905-1988), der große Schweizer Theologe, zu geben versucht, nachdem er seine große und beeindruckende Trilogie aus 15 voluminösen Bänden – bestehend aus „Ästhetik", „Theodramatik" und „Theologik" - vollenden konnte. Ein Jahr vor seinem Tod mit 83 Jahren – nach einem Leben, das der Seelsorge, der Glaubensweitergabe und der theologischen Wissenschaft, gewidmet war, macht mich solch ein Resümee betroffen.

> „Mehr als eine ins Meer geworfene Flasche kann und will dieses kleine Stück nicht sein; dass sie irgendwo landet und einer sie findet, wäre ein Wunder. Aber zuweilen geschehen auch solche." [39]

---

[38] Hans Urs von Balthasar „Epilog", Einsiedeln/Trier 1987, S. 8
[39] Hans Urs von Balthasar „Epilog", Einsiedeln/Trier 1987, S. 8

Woche 14 – Ist das alles nicht zu wenig <<wirklich>>?

Ähnliche Fragen wie Hans Urs von Balthasar in seinem „Epilog" stellt auch Eugen Drewermann in einem seiner späteren Werke, das ebenfalls einen ‚Durchblick' durch den christlichen Glauben versucht. Sein Titel: „Wendepunkte"[40]. Drewermann fragt nach all den vielen theologischen und anthropologischen Erwägungen, die er zuvor in diesem und ungezählten anderen Werken vorher angestellt hat:

> „Ist das alles nicht zu <<subjektiv>>, zu <<psychologisch>> und zu wenig <<wirklich>>? [41]

Es ist von kaum zu überschätzender Bedeutung für eine ‚Glaubensrechenschaft in intellektueller Redlichkeit', dass Drewermann sich dieser -fast möchte man meinen totalen - Infragestellung von Glauben und Religion stellt. Und zwar an Ort und Stelle! Wenn das, woran so viele Menschen glauben, für das sie unter Umständen ihr Leben einsetzen, gar nicht existiert, nur Einbildung ist, dann erst recht stellt sich doch die Grundfrage: Unterliegen nicht alle ‚Gläubigen' einem „Gotteswahn"?[42]

> „Ein solcher Einwand...beruht an jeder Stelle auf dem gleichen Missverständnis: Nichts in der Welt... ist mit Gott identisch; doch ganz so wie das Aufblühn einer Blume nicht möglich wäre ohne Sonnenlicht, so wenig ist Selbstfindung, partnerschaftliche Beziehung, *Liebe* möglich ohne Gott...Alles, was in der Verwandlung des Daseins, in seiner <<Erlösung>> von Angst und Verzweiflung in Zuversicht und Identität sich ereignet, verdankt sich...einzig der Erfahrung eines Umgriffenseins und Ergriffenseins im ganzen."[43]

---

[40] Eugen Drewermann „Wendepunkte", Ostfildern 2014
[41] Eugen Drewermann „Wendepunkte", Ostfildern 2014, S. 498
[42] „Der Gotteswahn", Richard Dawkins, Berlin 2007 (6. Auflage)
[43] Eugen Drewermann „Wendepunkte", Ostfildern 2014, S. 498

Damit kann ich für mein Leben etwas anfangen. Auch deshalb, weil die Frage des Glaubens heute (und erst recht morgen) wieder eine Frage zu sein scheint.

Woche 15 – Es muss doch mehr als alles geben.

Unser Glaube ist fragwürdig, d. h. auch, er ist einer Frage würdig. Das ist keine Selbstverständlichkeit.

> „Bekanntlich hat der Theoretiker des Positivismus, Auguste Comte, das Verbot aufgestellt, unbeantwortbare Fragen – wie das zu Ende gegangene Zeitalter der Philosophie sie stellt – weiterhin zu beachten, und verlangt, nur noch solche zu stellen, die im Zeitalter der Wissenschaften von diesen beantwortet werden können." [44]

Scheinbare Selbstverständlichkeiten zu hinterfragen und offensichtliche Plausibilitäten zu irritieren – das alles kann wirksam helfen, den Horizont unseres Fragens und Hoffens, unserer Sehnsucht offen zu halten. Karl Rahner nannte dies die „Öffnung des Herzens" [45]. Sie ist zwingend erforderlich, wenn man den Glauben nicht als einfallslose ‚Gefühlsduselei' auffasst:

> „Man sagt, es sei eigentlich die wahre Größe des Menschen, verzweifelt zu sein. Nur ein Verzweifelter, der mit allem fertig geworden und hinter alles gekommen sei und gemerkt habe, dass hinter allem – nichts sei, sei der eigentliche, der wahre Mensch…Es kann sein, dass solche illusionslose Erkenntnis der Anfang des Heiles ist, dass solche Menschen nicht mehr fern vom Reiche Gottes sind. Dann nämlich, wenn sie wirklich so verzweifelt sind, dass sie – nicht ihre Verzweiflung zu ihrem perversen Stolz machen und sich nicht einbilden (mehr ist es

---

[44] Hans Urs von Balthasar „Epilog", Einsiedeln/Trier 1987, S.14

[45] „Beten mit Karl Rahner", Freiburg-Basel-Wien 2004, Band 1 „Von der Not und dem Segen des Gebetes" – mit einer Einführung von Rudolf Hubert und Roman A.Siebenrock, S. 47 ff – auch in SW 7, 40 ff

dann auch nicht), aus eigener Kraft die verzweifelte Leere zu sein, sondern lieber aus der Gnade eines anderen (des einen anderen) die geschenkte Fülle zu sein bereit sind."[46]

Mir haben gerade die letzten Zeilen sehr geholfen, nachzuvollziehen, dass es bei der Frage nach GOTT ganz wesentlich und primär um keine Lehre, um keine Doktrin, um keine Begrifflichkeit geht. Es geht bei der Gottesfrage um ein ganzheitliches Erleben, um eine Erfahrung, um einen Lebensvollzug, um eine Sehnsucht, die Dorothee Sölle mit einem Buchtitel umschrieb: „Es muss doch mehr als alles geben." [47]

---

[46] „Beten mit Karl Rahner", Freiburg-Basel-Wien 2004, Band 1 „Von der Not und dem Segen des Gebetes" – mit einer Einführung von Rudolf Hubert und Roman A.Siebenrock, S.53, SW 7, 43

[47] Dorothee Sölle „Es muss doch mehr als alles geben – Nachdenken über Gott", Hamburg 1994

Woche 16 – Österliche Lebensspuren wiederfinden in einer weltlichen Welt

Was ist der Mensch?

Diese Frage beschäftigte und beschäftigt zu allen Zeiten Denker, Poeten, Künstler – alle, die herausfinden wollten, was es mit dem Menschen auf sich hat. Sie wird auch bedeutsam, wenn wir uns in diesem Monat den österlichen Lebensspuren zuwenden, die es wiederzufinden gilt in einer fast vollständig säkularisierten Welt. Auch zwei der bedeutendsten Theologen des 20. Jahrhunderts, Karl Rahner und Hans Urs von Balthasar, stellten sich, und das sogar zeitgleich, dieser Frage in zwei gewichtigen Aufsätzen.[48] Sie eröffnen wie ein Prolog zwei noch heute sehr lesenswerte Aufsatzsammlungen. Balthasar kommt am Ende seiner Überlegungen zu dem Schluss:

> „Genug, wenn der Adel des Menschen aufleuchtete, der sich ein Geheimnis bleiben muss, wenn anders er Gottes Bild und Gleichnis ist, und dessen dunkle Vergeblichkeit sich doch lichtet, wenn er erfährt, dass auch Gott nur in der Hingabe seiner selbst selig ist." [49]

Karl Rahner resümiert ähnlich, wenn er schreibt:

> „Der Christ ist der wahre und radikale Skeptiker. Denn wenn er an die Unbegreiflichkeit Gottes wirklich glaubt, dann ist er davon überzeugt, dass keine Einzelwahrheit wirklich wahr ist außer in dem zu ihrem wahren Wesen notwendig gehörenden Vorgang, in dem sie sich selbst in die Frage aufhebt, die

---

[48] Karl Rahner „Wagnis des Christen", Freiburg-Basel-Wien 1974, dort unter dem Titel „Was ist der Mensch?", S. 13 ff und Hans Urs von Balthasar in „Pneuma und Institution", Einsiedeln 1974, „Wer ist der Mensch?", S. 13 ff

[49] Hans Urs von Balthasar in „Pneuma und Institution", Einsiedeln 1974, „Wer ist der Mensch?", S.25

unbeantwortet bleibt, weil sie nach Gott und seiner Unbegreiflichkeit fragt."[50]

Österliche Spuren wird man nur wahrnehmen, wenn man – im wörtlichen Sinne – die Augen offenhält. Wenn man sich nichts vormachen lässt von Populisten und ‚Produzenten von Fake News', für die die Wahrheitsfrage irrelevant geworden ist. Wenn man angesichts der Bilder -, Konsum – und Informationsflut nüchtern der „wahre und radikale Skeptiker" bleibt. Dann kann man auch freudig Ostern feiern, weil dann nämlich der „Adel des Menschen aufleuchtet".

Woche 17 – Österliche Spuren – wo sind sie zu finden?

Die Welt ist so, wie sie ist. Mit allen Höhen und mit allen Tiefen. Tragik ist der Gegenspieler des Glaubens – so formulierte es Reinhold Schneider angesichts monströser Wahrnehmungen in Geschichte und Natur. Tragik ist auch das „Wasserzeichen der Schöpfung", meinte der Schweizer Theologe Hans Urs von Balthasar. Ja, unsere Wahrnehmung ist oft die eines unbegreiflichen Abgrunds, wenn wir in die Geschichte und Gegenwart schauen – in die eine und in die andere Richtung. Mitunter scheint es, dass wir taumeln in Bezug auf die Zukunft unserer Entwicklung zwischen Allmachtsphantasien einerseits und unendlichen Ängsten und einer fast wahnsinnig machenden Ohnmacht andererseits.

In diesem Jahr, am 27. Januar, gedachten wir voller Scham und Betroffenheit des 80. Jahrestages der Befreiung des Vernichtungslagers Auschwitz - vielleicht DEM Symbol des Grauens und Schreckens, was Menschen überhaupt Schlimmes anrichten können. Am 27. Januar gedenken wir aber auch voller Freude und Dankbarkeit des Geburtstages von Wolfgang Amadeus Mozart (27. Januar 1756 – 05.12. 1791), dem meistgespielten Komponisten auf

---

[50] Karl Rahner „Wagnis des Christen", Freiburg-Basel-Wien 1974, dort unter dem Titel „Was ist der Mensch?", S.26

dieser Erde, der vielleicht wie kein Zweiter uns in der Musik Harmonie und Fülle erschlossen hat.

Wie geht das zusammen, das abgrundtiefe Grauen und das fast übermenschliche Schaffen von einmaligen Kunstwerken? Vielleicht gibt uns dieser Monat Gelegenheit, dem ‚Geheimnis Mensch‘ ein wenig ‚auf die Spur zu kommen.‘

Woche 18 – Der Mensch lebt nicht vom Brot allein…

„Der Mensch lebt nicht vom Brot der Machbarkeit allein, er lebt als *Mensch* und gerade in dem Eigentlichen seines Menschseins vom Wort, von der Liebe, vom Sinn. Der Sinn ist das Brot, wovon der Mensch im Eigentlichen seines Menschseins besteht. Ohne das Wort, ohne den Sinn, ohne die Liebe kommt er in die Situation des Nicht-mehr-leben-Könnens, selbst wenn irdischer Komfort im Überfluss vorhanden ist." [51]

Ein erster Fingerzeig, wie es um das Menschsein steht, finde ich in dieser Überlegung. Dankbar bin ich dafür, weil mir scheint, dass das Verbot des Positivismus, der Doktrin also, nach der nur das sinnvoll befragt werden kann und soll, das messbar und wägbar ist, uns im Eigentlichen blind macht. Blind für die vielleicht wesentlichste Dimension unseres Seins, die eben nicht im Machen und Können besteht. Der Mensch hat sich das Leben nicht selbst gegeben, er ist immer zugleich ein Mit-Mensch und keine Monade, die selbstberuhigt in sich verharrt, die auf nichts und niemanden angewiesen ist.

---

[51] Joseph Ratzinger „Einführung in das Christentum", München 1968, (Neuausgabe 2000), S. 47

Woche 19 – Der Mensch ist keine in sich ruhende Monade, sondern immer Mit-Mensch

In unserer jüngsten Überlegung kamen wir zu dem Schluss, dass der Mensch keine in sich ruhende Monade (Leibnitz) ist, sondern immer als Mit – Mensch existiert. Von Anfang an, denn am Lächeln der Mutter und des Vaters erwacht das Kind zu seinem Selbstbewusstsein. Ich wage die Aussage, dass Menschen, denen zu Beginn ihres Lebens nicht die erforderliche Zuwendung und Liebe zuteilgeworden ist, sie oft ihr gesamtes Leben – und das fast immer vergeblich! - dazu nutzen, um sich (oft verzweifelt) das zu holen, was ihnen vorenthalten worden ist. Sie ‚verbrauchen' damit oft ihr Leben im wahrsten Sinn des Wortes. Und zwar für etwas, was sie unbedingt, not-wendig brauchten und brauchen – und (leider) nicht im erforderlichen Maß erhalten haben. Warum tun sie solches? Um sich (endlich!) als angenommen, als geliebt zu erfahren. Wie oft scheitern solche Versuche und enden in Lebenseinstellungen und Haltungen, die einen erzittern lassen. Man schaue sich nur die Lebensläufe von Stalin, Hitler oder anderen Massenmördern an.

Womöglich liegt in diesen -so oft vergeblichen! – Versuchen, eine nichtgelebte Lebensphase nachzuholen und sich mit Gewalt und Macht das anzueignen, was einem nur geschenkt werden kann - wie Liebe und Vertrauen - auch ein Zugang zu manchen schrecklichen menschlichen Abgründen. Daraus darf in keinem einzigen Fall eine Relativierung des Schrecklichen abgeleitet werden!!! Wohlgemerkt, es ist ein ganz zaghafter Versuch, einen Zugang des Verstehens zu finden, vielleicht…

Woche 20 – Das Bedürfnis nach absoluter Sicherheit

Im Jahr 1932 wurde mein Vater geboren. Und zwar in Czernowitz, der Hauptstadt der Bukowina. Diese größere Stadt in der heutigen West-Ukraine gehörte bis 1918 zur Monarchie des Habsburger Reiches, also zu Österreich-Ungarn. Dann kam dies schöne Stadt, in der viele

Nationalitäten friedlich zusammenlebten und zusammenarbeiteten, so dass man Czernowitz auch damals „Klein – Wien" nannte, für eine gewisse Zeit nach Rumänien, bevor mit dem II. Weltkrieg und dem Hitler-Stalin Pakt dieses Kleinod der Kunst, Kultur und Völkergemeinschaft gleichermaßen zwangsweise dem stalinistischen Regime der Sowjetunion einverleibt wurde.

Im selben Jahr, in dem mein Vater geboren wurde, 1932 also, wurde auch Aharon Appeldfeld ebenfalls in Czernowitz geboren. Er war Kind jüdischer Eltern, das bei Ausbruch des II. Weltkrieges mit gerade einmal 7 Jahren erleben musste, wie Deutsche und Rumänen seine Mutter ermordeten. Der sich danach in einem Ghetto wiederfand und sich auf einen Todesmarsch durch die Ukraine begeben muss; der in einem Zwangsarbeitslager seinen Vater (wieder) traf, um gleich wieder von ihm getrennt zu werden. Getrennt durch die Flucht in die Berge und Wälder der Karpaten und des Vorkarpatenlandes. Aharon Appelfeld, der als Kind schon in ganz jungen Jahren unter falscher Identität leben musste, konnte nur so Schutz und Zuflucht finden. U.a. bei ukrainischen Bauern, die sich des christlichen Waisenkindes' annahmen. Nach 6 Jahren Verfolgung und Krieg kam der zuletzt als Küchenjunge bei der Roten Armee dienende Aharon Appelfeld nach Israel. Dort lebte und wirkte er bis zu seinem Tod im Jahr 2018 als Hochschullehrer und Schriftsteller, der international hochgelobte Romane schrieb, in denen er seine Erinnerungen als Warnung und Mahnung an die Lebenden verarbeitete.

Wir wollen Spuren österlichen Lebens in unserem Leben finden. Darum berichte ich darüber, denn für mich ist das Leben Aharon Appelfelds ein wirkliches Ostern, ein wahres Fest des Lebens, ein ‚Stück Auferstehung'. Man braucht nicht immer ein wortreiches Bekenntnis zum Leben abgeben. Wenn man auf ein Leben schaut, wie das von Aharon Appelfeld, dann wird einem schlagartig bewusst: Dieses Leben – wie das vieler mutiger Frauen und Männer in dunkler Zeit - ist ein e i n z i g e s, ein e i n z i g a r t i g e s Bekenntnis zum Leben.

Woche 21 – Von der großen Hoffnung des kleinen Senfkorns

Zukunft, Trost und Hoffnung

Wer oder was kann in der Lage sein, angesichts solcher menschlichen Tragödien wie der Kriege, Vergewaltigungen und Vertreibungen im 20. und leider auch im 21. Jahrhundert, Zukunft, Trost und Hoffnung zu stiften. Gerade dann, wenn das, was messbar, was wägbar ist, nach menschlichem Ermessen keinen Ausweg, keine Hilfe (mehr) bietet. Wie muss eine Antwort, wenn es denn eine gibt, ‚beschaffen' sein? Wir können sicherlich mit einigem Recht sagen, dass es eine

> „unbedingte Antwort auf die radikale Kontingenz (und Angst) des menschlichen Daseins"[52]

sein muss, wenn sie nur halbwegs glaubhaft sein soll. Sie muss dem Leben mit all seinen Herausforderungen standhalten (können). Wenn sie es nicht kann, wenn sie als ‚gewogen und zu leicht befunden' wird, wie im Menetekel des Palastes zu Babylon, dann trägt solch eine Antwort nicht. Wir haben vor kurzem das Leben von Aharon Appelfeld betrachtet. Wir können auch schauen auf Menschen wie Mutter Teresa, die Pastoren Martin Luther King, Martin Niemöller, Alfred Delp oder Dietrich Bonhoeffer, den Apartheid-Gegner und Friedensnobelpreisträger Nelson Mandela und viele andere mehr. Es gab namentliche und namenlose Heilige, zu allen Zeiten und an allen Orten. Sie haben jene Antwort gegeben – oft auch ohne viele Worte, viel mehr durch ihr gesamtes Leben– die dem Leben standzuhalten vermag, die Zukunft, Trost und Hoffnung gestiftet hat angesichts von monströsen menschlichen Verirrungen und Tragödien. Sie haben – durch ihr Leben – erwiesen, dass das Dasein des Menschen auch existentiellen Nöten eine Hoffnungsperspektive geben kann. Es ist diese österliche Hoffnung, dieser Glaube an die Auferstehung, für die Jesus von Nazareth, der Gestorbene und Auferstandene, das Siegel

---

[52] Tiefenpsychologie und Exegese", I, Walter-Verlag Olten-Freiburg 1992, S.64

der Hoffnung ist. Nur in diesem ‚österlichen' Zusammenhang kann sie aufleuchten,

> „die Religion, und gerade so muss sie jenseits der Soziologie auch verstanden werden."[53]

Woche 22 – Der Mai ist gekommen… Dankbarkeit als Grundtugend

Gerne erinnere ich mich an meine Kindheit und Jugendzeit, in der ich als ‚Messdiener' in die Mai-Andachten ging. Ganz anders als im Monat Oktober, in dem wir den Rosenkranz beteten, der mir damals langweilig vorkam, zu dem ich als Kind keinen Zugang fand und bei dem mir eigentlich graute, vor allem auch wegen der Dunkelheit und beginnenden Kälte. Im Mai dagegen blüht alles in der Natur auf; es ist alles wohltuend, das Licht und die wohlige Wärme, das frische Grün auf den Wiesen und Feldern. Alles fühlte sich an wie eine große Verheißung auf den nahenden Sommer. Erst viel später wurde mir bewusst, dass sich gerade bei den Maiandachten, in den Gebeten und Liedern, das Gefühl einer großen Dankbarkeit ausdrückte. Dankbarkeit, weil einem das Leben geschenkt wurde, Dankbarkeit für alles, was die Natur uns gibt, Dankbarkeit für Eltern, Freunde, Geschwister. Der Satz unseres Kaplans ist mir heute noch in Erinnerung, der uns sagte: „Der religiöse Mensch ist ein dankbarer Mensch."

Vielleicht ist Dankbarkeit jene Tugend, die wir heute wieder ganz neu lernen müssen angesichts überbordender Angebote in Supermärkten und im Internet. In meiner Jugendzeit fand ich Gebetsworte, die diese Stimmung einfingen. Sie sind mir immer bedeutsamer geworden, je älter ich wurde:

> „Was habe ich also anders dir von dir zu sagen, als dass du der bist, ohne den ich nicht sein kann…und wenn ich das von dir sage, dann habe ich mir meinen wahren Namen

---

[53] „Tiefenpsychologie und Exegese", I, Walter-Verlag Olten-Freiburg 1992, S.64

gegeben… Ich bin der, der sich nicht selbst gehört, sondern dir. Mehr weiß ich nicht von mir, mehr nicht von dir - Du -, Gott meines Lebens, Unendlichkeit meiner Endlichkeit."[54]

Woche 23 – Rechnendes Denken und besinnliches Denken

Von der großen Hoffnung des kleinen Senfkorns soll in diesem Monat die Rede sein. Das darf nicht zu einer billigen Floskel verkommen, nach der der ‚liebe Gott' eh kein anderer sein kann als der Gute, der Barmherzige, der „der alles so herrlich regieret." Wie man sich der großen Hoffnung des kleinen Senfkorns ‚intellektuell redlich' nähern kann, zeigt uns Joseph Ratzinger/Papst Benedikt XVI. in seinem Grundlagenwerk „Einführung in das Christentum" mit einer bedeutsamen Unterscheidung:

> „Man darf hier vielleicht an eine Gegenüberstellung Martin Heideggers erinnern, der von der Dualität von rechnendem Denken und besinnlichem Denken spricht. Beide Denkweisen sind legitim und notwendig, aber eben deshalb kann keine von beiden in die andere hinein aufgelöst werden. Beides also muss es geben: das rechnende Denken, das der Machbarkeit zugeordnet ist, und das besinnliche Denken, das dem Sinn nachdenkt. Man wird dem Freiburger Philosophen wohl auch nicht ganz Unrecht geben können, wenn er die Befürchtung ausdrückt, dass in einer Zeit, in der das rechnende Denken die staunenswertesten Triumphe feiert, der Mensch dennoch, ja vielleicht mehr als zuvor, von der Gedankenlosigkeit bedroht ist, von der Flucht vor dem Denken. Indem er allein

---

[54] Karl Rahner „Gebete des Lebens", SW 7, S. 5 f – ursprünglich aus „Worte ins Schweigen", Innsbruck-Leipzig 1938 (!), dort aus „Gott meines Lebens", S. 12 f

dem Machbaren nachdenkt, steht er in Gefahr zu vergessen, sich selbst, den Sinn seines Seins zu bedenken." [55]

Dankbarkeit und Freude sind vielleicht jene ‚Tugenden', die entscheidend mithelfen können, der Gefahr des Vergessens zu entgehen. Wer die Mühe nicht scheut, „sich selbst, den Sinn seines Seins zu bedenken," kann rasch erkennen, was und wieviel er anderen Menschen verdankt. Das Lächeln eines Menschen, das vertraute: „Du, ich mag dich." Oder aber auch: „Ist o.k., ich verzeihe dir." – Wie oft wirken solche ermunternden Worte und Gesten in unserem Leben buchstäblich ‚Wunder', also Zeichen der Freude, des Friedens, der Hoffnung und der Versöhnung. Wie oft können sie der „großen Hoffnung des kleinen Senfkorns" Nahrung geben.

Woche 24 – Der Glaube – eine einzige Illusion?

In der Abiturklasse lernte ich im Philosophieunterricht den dialektischen und historischen Materialismus kennen. Das war in der DDR, im Jahr 1976/77. Unser Lehrer versuchte uns Schülern klarzumachen, dass es eine einzige, wissenschaftliche Weltanschauung gab, den dialektischen und historischen Materialismus. Er stehe dem so genannten Idealismus unversöhnlich gegenüber, weil dieser illusionär sei, unwissenschaftlich. Nun gäbe es allerdings Unterschiede, denn eine besonders schlimme ‚Spielart' dieser unwissenschaftlichen Weltsicht sei die Religion, die die Menschen verdummt. Und die allerschlimmste Form dieser Verdummung ist die Ausprägung der römisch – katholischen Kirche.

Jeder, der dies heute – mit zeitlichem Abstand liest – kann sich denken, was das mit einem jungen Menschen macht, der auf der Suche nach Antworten für sein Leben ist. Der in einem Elternhaus lebt, für den das Leben in und mit der Kirche selbstverständlich ist. Für mich kam damals sehr Vieles in' s Wanken und ohne Karl Rahners Buch „Von der Not und dem Segen des Gebetes" hätte mein

---

[55] Joseph Ratzinger „Einführung in das Christentum", München 2000, S.63 – Es ist die „völlig unveränderte, mit einer neuen Einführung versehene Neuausgabe" des Buches aus dem Jahr 1968

Leben sicherlich einen gänzlich anderen Verlauf genommen. Heute, in der Vorbereitung auf die Wortgottesfeier zu „Mariä Lichtmess" oder dem „Fest der Darstellung des Herrn" im Jahr 2025 fällt mir eine Passage ein aus einem Buch, das schon vom Titel her sehr einladend ist: *„Dein Name ist wie der Geschmack des Lebens"*. Es stammt von Eugen Drewermann aus dem Jahre 1986. Wie gerne gehe ich mitunter in Gedanken zurück in unseren Philosophieunterricht und wie gerne hätte ich unserem Lehrer diese eine Stelle gezeigt, denn heute – wenn er noch lebt – wird er so alt sein, wie der alte Prophet und die alte Seherin. Beiden war es gegeben, eines niemals aufzugeben: Die Hoffnung. Waren sie dumm? Waren sie naiv, kindisch? Ihre Antwort könnte vielleicht so aussehen:

> „Freilich kann man jetzt auch wieder sagen, Simeon erwarte zu viel, es sei schlechterdings naiv, einfachhin an der Wirklichkeit vorbeizuträumen… Jedoch in diesem Sinne ist das ganze Christentum ein ‚kindlicher' ‚Wunschtraum', und wer diese Formel kritisch nimmt, um sie *gegen* das Christentum zu richten, der möge bedenken, dass, selbst wenn das Christentum nie etwas anderes wäre als ein solcher Wunschtraum, eine solche ‚Illusion' immer noch tausendmal besser wäre als die sogenannte Wirklichkeit; denn dieser ‚Traum' allein lässt Menschen leben und bewahrt sie vor Verzweiflung…

Woche 25 – „Da kann ja jeder kommen… Herausforderungen unserer Zeit

In den nächsten Impulsen werden wir ein wenig auf das Jahresmotto der Caritas in Deutschland eingehen.

Wenn wir heute auf manche Geschehnisse in Kirche und Gesellschaft blicken, fällt mir spontan eine Begebenheit ein, die nicht nur denkwürdig anmutet. Sie ist auch allen Nachdenkens würdig! Es war anlässlich des 25 –jährigen Bistumsjubiläums des Erzbistums Hamburg im Jahr 2020. Der heute emeritierte Osnabrücker Bischof

Franz-Josef Bode kam am Ende seiner Predigt auf eine eindringliche Passage von Eugen Drewermann zu sprechen. Es war fast wie ein Aufschrei: „Zurück nach Galiläa" und „Raus aus der Sicherheit des Palastes in Jerusalem!" 1

Ist dieser ‚Aufschrei' von den Christen gehört worden? Gehört in all den Herausforderungen dieser Zeit, die unseren Glauben massiv bedrängen? Mir drängen sich Fragen auf, die ich nicht (mehr) einfach beiseiteschieben kann:

- Wo und wie erlebe ich heute drängende, unerledigte Aufgaben?
- Wo und wie erlebe ich heute die Aussage: „Das schaffen wir ja sowieso nicht."
- Wo und wie erlebe ich die Aussage: „DIE können es ja doch nicht…" Oder „Was wollen DIE denn?

Woche 26 – „Da kann ja jeder kommen…"
Rückblende

- Ich denke an den seit nurmehr über 3 Jahre andauernden russischen Angriffskrieg auf die Ukraine, an die zynische Verdrehung der Tatsachen, als ob das überfallene Land Schuld am Überfall hat.
- Ich denke an das ‚Heilige Land', in dem so viel ‚Unheiliges' passierte und passiert.
- Ich denke an unser Klima und die Sorglosigkeit in den reichen Industrie-Nationen, als ob wir mehrere Erden hätten.
- Ich denke an den Sudan, an Eritrea, an die verfolgten Kurden und Jesiden.
- Ich denke an all die vielen Verschwörungsmythen, den offenen oder versteckten Hass auf Menschen jüdischen Glaubens.

- Ich denke an all die vielen, oft hasserfüllten Kommentare in Bezug auf Menschen mit Migrationshintergrund.

- Ich denke an fehlende Integrationsmöglichkeiten und finanzielle Ressourcen, um vor allem die Fluchtursachen wie Kriege zu beenden und mangelnde Perspektiven in den Heimatländern zu beheben.

All diese Vorgänge machen mich ratlos und hinterlassen eine große Frage: Wie ist das mit den Christen? Sind wir nicht die Mehrheit auf unserem Globus? Sind wir nicht eine große Anzahl, die etwas bewegen kann? Welche Art von Kirche existiert bei uns? Ist die nachfolgende Illustration wirklich nur eine Karikatur?

„telegramm vom 14.04.2014 – telegrammempfänger: bischof der heimatpfarrei in kenia/afrika

text:

- bin gut in deutschland angekommen – stop – finde katastrophale glaubenslage vor – stop – steril abgebrühte fertigbetonhöhlenmenschen-stop-vegetieren antriebslos-stop-mit vollgestopften bäuchen-stop-konsumgütergeblendetr-stop- und wunschlos unglücklich dahin-
- ich nehme die herausforderung an-stop- brauche dazu allerdings dringend verstärkung-stop- um die sauregurkenzeit in ihren seelen-stop – zu beenden
  absender: abgesandter der afrikanischen missionare"[56]

---

[56] Dieses Zitat stammt von Peter Herrlein – ich habe es im Jahreslesebuch „Jeder Tag ein neuer Anfang" von Alfred Müller – Felsenburg, Augsburg 2003 gefunden am 7. April.

Woche 27 – „Da kann ja jeder kommen…" Gnade und Welt

Zwei Aussagen zur „Kirche in der Welt von heute" zeigen den Platz der Caritas an. Sie können oder könnten d a s Medikament sein, um Fatalismus und Resignation wirksam zu begegnen – und zwar aus dem Glauben heraus. Es liegt an uns, aus dem Konjunktiv herauszukommen. Wer die Autoren sich näher anschaut, braucht keine Angst vor ‚klerikaler ideologischer Vereinnahmung' haben:

> „Kann die christliche Botschaft die Welt verändern? Sie hat die Welt verändert – das ist eine geschichtliche Tatsache. Aber sie hat die Welt nicht tief genug verändert- das ist die Schuld der Christenheit. Doch sie wird die Welt erneut verändern – das ist die Hoffnung, deren Grund Jesus Christus selber ist. „Siehe, ich mache alles neu!" (Offenbarung, 21,5)[57]

> „So wie es Leute gibt, die sich den Worten nach als Christen zu erkennen geben, obwohl in Wirklichkeit ihr Leben einem skandalösen Götzendienst gleichkommt, so wird es andere geben, die den Worten nach nicht sagen würden, dass sie Christen seien und die es doch entsprechend dem <<empirischen>> Kriterium in vollem Sinne sind. Wie viele gibt es, die wie selbstverständlich aushalten unter schwierigsten Bedingungen – an der Seite eines schwererkrankten Mannes, eines dement gewordenen Vaters, eines drogenabhängigen Sohnes? Sie fragen nicht lange nach Begründungen und Prinzipien, doch die Treue, die sie leben, hat etwas von Jesu Gleichnis vom barmherzigen Samariter…"[58]

---

[57] Dieses Zitat stammt von Hans Küng – ich habe es im Jahreslesebuch „Jeder Tag ein neuer Anfang" von Alfred Müller – Felsenburg, Augsburg 2003 gefunden am 15. April.
[58] Eugen Drewermann „Wendepunkte", Ostfildern 2014, S. 223 - 230

Woche 28 – Der Platz der Caritas

„Schon mancher ist Jesus Christus begegnet, der nicht wusste, dass er denjenigen ergriff, in dessen Tod und Leben er hineinstürzte als in sein seliges, erlöstes Geschick… Wer…seine Menschheit annimmt, in schweigender Geduld, besser in Glauben, Hoffnung und Liebe… als das Geheimnis, das sich in das Geheimnis ewiger Liebe birgt…der sagt, auch wenn er es nicht weiß, zu Jesus Christus ja…Wer sein Menschsein ganz annimmt…der hat den Menschensohn angenommen, weil in ihm Gott den Menschen angenommen hat."[59]

„Wer sein Menschsein ganz annimmt…" Was kann das konkret, hier und heute DIR sagen? Ich denke an all die vielen Ungerechtigkeiten. Wie soll das gehen, die Annahme des Menschseins? Und geht das überhaupt? Gelten heute nicht ganz andere Werte, als sie der Mann aus Nazareth uns vorgelebt hat? Was antworten wir all den Skeptikern, den Zynikern, die angesichts von Gewalt und Unrecht achselzuckend zur Seite schauen?

„Man kann sich gegen alles das entscheiden, wovon sich Jesus überzeugt gab: dass unser Dasein in den Händen eines <<väterlichen>> Gottes ruhe, der möchte, dass wir sind, und der uns selbst im Tode nicht verlassen werde; - dann aber muss man sich für eine Welt entscheiden ohne Gnade, und man muss dann auch wissen, was man damit auf sich nimmt; oder man wählt für sich den Standpunkt Jesu, dann wird der Mann aus Nazareth zum Grund für eine Menschlichkeit, wie sie sonst nicht zu leben wäre, er wird zum letztgültigen Sprachrohr Gottes, er wird absolut. An Jesus glauben als den Christus, den <<Sohn Gottes>>, ist deshalb eine Aussage über den Glaubenden…"[60]

---

[59] Karl Rahner „Bekenntnis zu Jesus Christus", SW 12, 302-308; auch in „Bekenntnis zu Jesus Christus", herausgegeben von Albert Raffelt und mit einem Geleitwort von Karl Kardinal Lehmann - Freiburg-Basel-Wien 2014, S. 37-39

[60] Eugen Drewermann „Wendepunkte", Ostfildern 2014, S. 229

Papst Johannes Paul II. gibt der Kirche auf diesem Hintergrund eine klare Orientierung. Er zeigt eine Richtung an, die nach meinem Dafürhalten (über)lebenswichtig ist für die Kirche, wenn sie ihrem Auftrag, ihrer Sendung treu bleiben will.

> „Wenn heute manche Menschen nicht mehr zur Kirche finden, muss die Kirche sie aufsuchen. Wir müssen uns auch um diejenigen kümmern, die nur noch selten oder gar nicht mehr bei uns sind. Die Pastoral in unseren Industriestaaten muss heute von Grund auf missionarisch sein. Wir dürfen uns nicht mit der kleinen Herde begnügen, sondern müssen immer wieder alle einladen und um sie werben. Ihr folgt dabei dem Beispiel Christi, der für alle gestorben ist und keinen verlorengehen lassen will." [61]

Woche 29 – „Da kann ja jeder kommen…" Das Tiefste am Christentum

> „Wenn das Christentum die mit absolutem Optimismus geschehende Inbesitznahme des Geheimnisses des Menschen ist, welchen Grund sollte ich dann haben, kein Christ zu sein?"[62]

Die „christliche Wahrheit" – kann man s e wirklich verstehen, leben und lieben? Wie oft sind wir ratlos, weil allzu sehr der Pragmatismus um sich greift, der eine Frage nach GOTT weder aufkommen lässt noch sie als sinnvoll und relevant ansieht. Und dort, wo die Gottesfrage gestellt wird, wird sie mitunter müde belächelt. Es gibt eben immer noch Menschen, die nicht mitbekommen haben, wie die ‚Welt' eigentlich tickt. Menschen, die sich eine Welt zusammenreimen, weil sie sie nicht aushalten. Stimmt das? Vielleicht

---

[61] Dieses Zitat stammt von Papst Johannes Paul II. – ich habe es im Jahreslesebuch „Jeder Tag ein neuer Anfang" von Alfred Müller – Felsenburg, Augsburg 2003 gefunden am 7. April.
[62] Karl Rahner „Über die Möglichkeit des Glaubens heute" SW 10, 578

halten die Menschen sich selbst nicht aus? Wenn diese Ahnung auch nur eine Spur von Recht für sich in Anspruch nehmen kann, dann – dann aber mit aller Macht! - wird die Frage nach der ‚Glaubensrechenschaft' akut. Mir hilft ein Gedanke weiter, den ich einem großen Theologen des 20. Jahrhunderts verdanke und den ich immer wieder meditiere, wenn mir der ‚Boden unter den Füßen' zu schwanken beginnt angesichts all der Fragen, Sorgen und Nöte. Wenn ich mir die Frage stelle, stellen muss: Wo kommt mir Hoffnung her?

> „Das Tiefste am Christentum ist die Liebe Gottes zur Erde. Dass Gott in seinem Himmel reich ist, wissen andere Religionen auch. Dass er mit seinen Geschöpfen zusammen arm sein wollte, dass er in seinem Himmel an seiner Welt leiden wollte, ja gelitten hat und durch seine Menschwerdung sich instand setzte, dies sein Leiden der Liebe seinen Geschöpfen zu beweisen: das ist das Unerhörte bisher."[63]

Woche 30 – Gewissheiten und Verunsicherungen des Glaubens in unserer Zeit

Im Monat Juli wollen wir ein wenig den zerbröckelnden Gewissheiten und den damit einhergehenden Verunsicherungen des Glaubens in unserer Zeit nachspüren. So kann uns vielleicht ein wenig (mehr) Orientierung zuteilwerden in einer Zeit, die sich der Ambivalenz menschlicher Macht und Ohnmacht selten so bewusst war wie heute. Doch mir scheint, dass unsere Situation gar nicht so einmalig ist, wie es mitunter den Anschein hat. Das sei kurz angedeutet an zwei Personen, die uns vornehmlich als namhafte Kritiker des Glaubens und Spötter der Religion bekannt sind. Weniger bekannt ist vielleicht deren tiefes, oft sehr mühsames und existentielles Ringen um den Sinn in ihrem Leben. Darum soll am Anfang unserer Betrachtungen in diesem Monat das Glaubensbekenntnis des großen Franzosen

---

[63] Hans Urs von Balthasar „Das Christentum und die Weltreligionen – ein Durchblick", Freiburg 1989, S. 17 (Innenseite - Klappentext)

Voltaire stehen und die Gottsuche von Friedrich Nietzsche, der ja bekanntlich ein Pastorensohn war und dessen Grab sich in unmittelbarer Nähe zur Kirche in Röcken bei Lützen befindet.

Voltaires Glaubensbekenntnis – Teil 1

O Gott, den man verkennt,
o Gott, den alles kündet,
o höre du das letzte Wort,
das aus mir mündet.
Ich suchte doch den Weg zu dir,
wenn ich verirrte,
erfüllt von Dir war schon das Herz,
das sich verwirrte.
Ich sehe ohne Ängste schon,
den ew' gen Schimmer,
ich glaube nicht, dass Gott,
der mich der Erde schenkte,
dass Gott,
der meinen Tag mit seiner Güte tränkte,
mich, wenn ich ausgelöscht bin, strafen will für immer.[64]

Voltaires Glaubensbekenntnis – Teil 2

Wenn ich den Text Voltaires aufmerksam lese, besonders die letzten Zeilen, fällt mir – fast beklemmend - ein Bestseller von Steven Pinker „Aufklärung jetzt", [65] ein, gewissermaßen die ‚Bibel' für alle Humanisten und Freidenker in der Gegenwart. Nur eine kleine

---

[64] „Jeder Tag ein neuer Anfang" (14.Januar), Herausgegeben von Alfred-Müller-Felsenburg, Augsburg – München 2003
[65] Steven Pinker „Aufklärung jetzt" Fischer Verlag 2018 – ein Buch, das für den Humanismus besonders wichtig geworden ist. Vgl als kleines Beispiel Seite 545.

Passage, so meine Vermutung, kann das Lebensdrama Voltaires eindrucksvoll erhellen:

> „Eine ,Spiritualität', die in den Launen des Schicksals eine kosmische Bedeutung entdeckt, ist nicht weise, sondern töricht. Der erste Schritt zur Weisheit ist die Erkenntnis, dass du den Gesetzen des Universums gleichgültig bist. Der nächste ist die Erkenntnis: Das bedeutet nicht, dass das Leben sinnlos ist, denn es gibt *Menschen,* denen du *nicht* gleichgültig bist, und umgekehrt. Du bist dir selbst auch nicht gleichgültig, und hast die Verantwortung, die Gesetze des Universums, die dich am Leben erhalten, zu respektieren."

Wie soll das gehen, wie soll man seine Sinne heil behalten, wenn festgestellt wird, dass ich einerseits den „Gesetzen des Universums gleichgültig" bin und wenn mein Lebenssinn darin bestehen soll, jene Gesetze, denen ich gleichgültig bin, zu respektieren?

Voltaires Glaubensbekenntnis – Teil 3

Eugen Drewermann geht auf das Dilemma Voltaires ein, indem er den ,Ort' der Religion klar markiert:

> „Das erste Paradox besteht bereits darin, dass uns als Menschen die biologischen Antworten nicht mehr schützen, - sie genügen nicht, sie muten geradewegs zynisch an...wir lebten ja weiter in den Kindern...Eine solche Antwort ist sehr beliebt, aber sie ist gänzlich falsch...Es gibt kein persönliches Weiterleben in den Genen...Personalität wird ja nicht in den Genen produziert, sondern in ...dem Riesenstrom von Erfahrungen und Informationen, die wir als individuelle Psychogenese bezeichnen..."[66]

---

[66] Eugen Drewermann – Michael Albus „Die großen Fragen", Ostfildern 2012, S.57-60

Genau hier ist der ‚Ort' der Religion im Dasein und für das Dasein des Menschen, denn

> „Die Antwort der Religion lautet: Wir sterben nicht ins Nichts hinein, sondern in die Hände, die uns geformt haben…Diese Perspektivenöffnung ins Unendliche, diese Hoffnung auf ein neues, anderes Leben in Gottes Ewigkeit, hat absolut nichts zu tun mit dem Selbsttrost kindlicher Wunschphantasien; sie bedingt vielmehr, dass wir als Erwachsene der leidigen Todespraxis des sonst ganz >>normalen<< Lebens als eines unendlichen Kampfes ums Überleben endlich ledig werden und wahrhaft als Menschen zu existieren beginnen…Diese Perspektive ins Unendliche ist sehr wichtig, um Humanität in der irdischen Existenz wirklich zu wagen…sie setzt voraus den Glauben und die Zuversicht, dass das, was wir sind, in Gottes Hand unendlich ist und nie vergehen wird. " [67]

Woche 31 – Friedrich Nietzsches Gottsuche –

Teil 1 – Die Gottessehnsucht

> „Noch einmal, eh ich weiterziehe
> und meine Blicke vorwärts sende,
> heb ich vereinsamt meine Hände
> zu dir empor, zu dem ich fliehe,
> dem ich in tiefster Herzenstiefe
> Altäre feierlich geweiht,
> dass allezeit mich deine Stimme wieder riefe.
>
> Darauf erglüht tief eingeschrieben
> das Wort: dem unbekannten Gotte.
> Sein bin ich, ob ich in der Frevler Rotte
> auch bis zur Stunde bin geblieben:
> sein bin ich- und ich fühl' die Schlingen,

---

[67] Eugen Drewermann – Michael Albus „Die großen Fragen", Ostfildern 2012, S.57-60

die mich im Kampf darniederziehn
und, mag ich fliehn,
mich doch zu seinem Dienste zwingen.

Ich will dich kennen, Unbekannter,
du tief in meine Seele Greifender,
mein Leben wie ein Sturm Durchschweifender,
du Unfassbarer, mir Verwandter!
Ich will dich kennen, selbst dir dienen."[68]

Teil 2 – Kampf mit und Kampf um Gott

Mir ist der Pastorensohn aus Röcken sehr sympathisch. Nicht nur, weil ich glaube, dass er vielfach verkannt wird als d e r Gottesleugner schlechthin[69] und weil am Ende seines so dramatischen Lebens eine zehnjährige geistige Umnachtung stand. Man kann ihm vielleicht nur gerecht werden, wenn man Reinhold Schneider ernst nimmt, der schon vor 90 Jahren in „Schicksal und Landschaft"[70] schrieb:

> „Alle, die auf Erden mit dem Einsatz ihrer ganzen Seele streiten, streiten für Gott."

Und Hans Urs von Balthasar verdanke ich die tiefe, einfühlsame Wertung Nietzsches:

> „Denn alle psychologischen, kulturellen und ethischen Untersuchungen Nietzsches sind nur der Vordergrund, des steten, in leidenschaftlicher Hassliebe ausgefochtenen Kampfes um das letzte Geheimnis des Seins, um das Absolute, um Gott. In diesem Kampfe aber wird unabweisbar

---

[68] „Jeder Tag ein neuer Anfang" (22.Januar), Herausgegeben von Alfred-Müller-Felsenburg, Augsburg – München 2003
[69] Kritisch zu diesem (Vor)urteil siehe „Eugen Biser" „Gottsucher oder Antichrist?", Salzburg 1982
[70] Reinhold Schneider „Schicksal und Landschaft", Freiburg-Basel-Wien 1960, S. 300

54

deutlich, dass Nietzsche nicht der einsame Kämpfer ist, für den er sich ausgibt, sondern dass da ein unsichtbarer Gegenspieler steht, der in Atem, außer Atem hält..." [71]

Mir scheint, dass sich oft hinter vielem autoritären Gehabe in weltpolitischen Angelegenheiten und im zwischenmenschlichen Miteinander eine große Unsicherheit verbirgt: Wer bin ich? Die Identitätsnot, die heute unsere Zeit in nicht geringem Maße kennzeichnet und die sich äußert in oft unreflektierter Anspruchshaltung, in brutaler Ignoranz offensichtlicher Ungerechtigkeit und Unwahrheit, hat eine Tiefenschicht. Es lohnt sich deshalb, tiefer zu bohren, weil ich glaube, dass die Frage nach dem Tun des Menschen erst hinreichend beantwortet werden kann, wenn die Frage nach dem Sein des Menschen eine Antwort erfährt, die dem Sein des Menschen wirklich gerecht zu werden vermag.

[71] Friedrich Nietzsche „Anthologien", Einsiedeln-Freiburg 2000, Auswahl Hans Werner, Nachworte Hans Urs von Balthasar, Neuausgabe und Vorwort von Alois M. Haas

Woche 32 – Ganzheitlich Leben erspüren – ganzheitlich Glauben riskieren

Schutz und Bewahrung der Schöpfung

Das Monatsmotto ist so recht dazu angetan, Leben und Glauben ganz unmittelbar zu betrachten, denn die Urlaubssaison ist ja oft die Zeit der Ruhe und des Erlebens, der Muße und der sportlichen Aktivität, der Events und der Besinnung. Viele von uns sind am Meer oder in den Bergen und können das Leben in und mit der Natur unmittelbarer als sonst im Alltag spüren und erleben. Das alles sind Vorgänge, in denen Glaubenserfahrungen gemacht werden, weil Glauben und Leben gar nicht voneinander zu trennen sind.

Davon kann man nicht nur selbst berichten, davon kann man auch Faszinierendes lesen. Eines meiner Lieblingsbücher ist schon sehr alt, es stammt von einem Priester, der in den 70iger Jahren des 20. Jahrhunderts, mit über 90 Jahren, verstorben ist - Karl Pfleger.[72]

„Im Schatten des Kirchturms" von Karl Pfleger aus dem Jahr 1935, das 1951 in vierter, unveränderter Auflage erschien und das von den Nazis, gleich nach dem Erscheinen der dritten Auflage 1935 beschlagnahmt und dessen Wiederherstellung und Verbreitung verboten wurde, hat viele Fragen von heute in ihrer Brisanz und Schwierigkeit vorweggenommen. Die Antworten in diesem Buch auf manche Fragen sind deshalb so bedeutsam, weil es Antworten auf Fragen sind, die wir auch heute, nach 90 Jahren immer noch oder schon wieder haben. Ein kleines Beispiel aus „„Im Schatten des Kirchturms" kann dies gut illustrieren:

> „Lass mich dir sagen, Freund, wie glücklich mich die Entdeckung macht, dass gerade der Christ es ist, der die Natur wahrhaft liebt und auch lieben darf und kann, ohne Gefahr für seine höchsten Werte...Der Hauptgrundsatz des Christentums war, dass die Natur nicht unsere Mutter ist: die

---

[72] Es war und ist sein allererstes Buch, das von den Nazis sogleich verboten wurde. Sein Titel: „Im Schatten des Kirchturms".

Natur ist unsere Schwester. Wir können stolz sein auf ihre Schönheit, da wir denselben Vater haben; aber sie hat keine Autorität über uns; wir haben zu bewundern, nicht nachzuahmen. Dies verleiht der christlichen Freude an irdischen Dingen einen setsamen spielerischen Zug...Dem heiligen Franz von Assisi ...war die Natur eine Schwester, eine jüngere Schwester sogar, eine kleine tanzende Schwester, wert geliebt - und auch verlacht zu werden.'...Es ist nicht so tragisch, wenn der Bruder sich mit der Schwester zankt, wenn die Schwester manchmal launenhaft, böse, grausam ist, sie hat so viele gute Seiten, dass er sich mit ihr doch wieder aussöhnt, in den schlimmsten Fällen kann er an die höhere elterliche Instanz appellieren. Aber welcher Schmerz, welche Bitterkeit ... wenn jenes Wesen, durch das wir sinnlos leiden, für uns einziger und letzter Lebensursprung, für uns 'die Mutter' ist."[73]

Es ist eine faszinierende, ja frohmachende Erfahrung, die uns der Heilige Franz vermittelt: Neben der Freude in und an der Natur ist sie so etwas wie seine ‚kleine Schwester', mit der er durchaus nicht immer einer Meinung ist, die er aber letztlich von Herzen liebt. Wenn ich mir Aktionen anschaue, in denen es um Klimaschutz geht, schaue ich z. T. verdutzt in die erste Reihe der Demonstranten. Warum? Weil ich oftmals Christen dort ein wenig vermisse. Dort, in der ersten Reihe. Denn sie haben doch die Motivation und zugleich den Auftrag erhalten zum Schutz und zur ‚Bewahrung der Schöpfung'?

Woche 33 – Ein Erwachen bei sich ist unvermeidbar

Ganzheitlich Leben erspüren – ganzheitlich Glauben riskieren – der Urlaub ist hierfür in besonderer Weise geeignet, weil er Ruhe und Entspannung schenkt. Ebenso Freiheit und spielerische Leichtigkeit, sich auszuprobieren, Neues zu erkunden und zu entdecken. Was aber, wenn in einer stillen Stunde, beim Betrachten des

---

[73] Karl Pfleger „Im Schatten des Kirchturms", Paderborn 1935/ 1952 – S. 102-105

Sternenhimmels oder in einer klaren Mondnacht Fragen dringend werden, die im Alltäglichen sich nicht an die Oberfläche des Bewusstseins drängen? Fragen, die oft abgewiesen werden, die als störend empfunden werden, denen gegenüber man rasch versucht, zur Tagesordnung überzugehen? Dankbar bin ich Schriftstellern, die den Mut haben, solche Fragen nicht nur zu zulassen, sondern sie auch zu formulieren:

> „Aber die fürchterliche Frage: Wozu das alles, wird immer lauter werden, je mehr die kleine Kugel, auf der wir gefangen stehen, von wimmelnden Massen überläuft und tolle Erfindungen ihnen Macht geben über ihr eigenes Sein und Nichtsein... die Rotationswalze des allgemeinen Dialogs steht still, weil jeder immer schon weiß, was überhaupt gesagt werden kann...ein Erwachen bei sich ist unvermeidbar, ob man sich nun einsam wiederfindet oder, was vielleicht schlimmer ist, im Spiegel des Du, zu dem man vor sich floh...Die ganze Frage ist, ob jemand hier, in diesem eisigen Schweigen unterhalb des Lärms noch ein Wort weiß."[74]

„Ob jemand hier ... noch ein Wort weiß" – Manchmal denke ich, unser Leben ist ein einziges Suchen nach einem Wort der Annahme, der Geborgenheit, des Friedens und der Freude. Vielleicht kann der Urlaub eine Verheißung sein. Eine Verheißung für den „Tag der keinen Abend kennt."

Woche 34 – Das ist das unsagbare Geheimnis...

Beginnen möchte ich mit einem Gedanken aus Teilhard de Chardins Hauptwerk. Ich glaube, dieser Satz kann einen Optimismus begründen, wie ihn nur der Glaube zu geben vermag:

---

[74] Aus Hans Urs von Balthasar „In der Fülle des Glaubens", Freiburg-Basel-Wien, 1980, S. 207 - ursprünglich aus dem Beitrag „Der Mensch - der ‚Bruder‘ für den Christus starb'"

„Je mehr der Mensch Mensch wird, desto mehr wird er von dem Bedürfnis, und zwar einem immer ausdrücklicheren, immer geläuterteren, immer unmäßigerem gepackt, anzubeten."[75]

Das Bedürfnis, das immer stärker wird nach Anbetung? Ist das nicht doch etwas arg ‚hochgegriffen'? Erinnern wir uns, dass die Frage bleibt: „Wozu das alles?" Und dass es ganz entscheidend darauf ankommt, dass „jemand …noch ein Wort weiß." Um es noch einmal anders zu sagen:

„Die Erfahrung der Unerlöstheit, der Entfremdung verstärkt sich, und die Erfüllung, die jenseits nicht sein kann und die von keiner Gnade geschenkt wird, muss nun in dieser Welt durch eigenes Handeln bewerkstelligt werden. Damit wird aber an die Politik eine Erwartung geknüpft, der sie nicht entsprechen kann. Die zur Politik gewordene Religion überfordert die Politik und wird damit zu einer Quelle der Desintegration des Menschen in der Gesellschaft." [76]

Wie kann man dieser Überforderung entgehen? Ratzinger nennt bereits den Grund für die „Entfremdung", die allenthalben heute festzustellen ist und beklagt wird, nämlich dass es keine ‚Erfüllung' geben kann, „die von keiner Gnade geschenkt wird." Dahinter steht unausgesprochen das Axiom des Materialismus: „Es kann nicht sein, was nicht sein darf." Und wenn es doch ganz anders steht? Denn:

„Das ist das unsagbare Geheimnis, das wir glauben, weil der Mensch letztlich doch nur die Möglichkeit hat, entweder an den Abgrund der Leere und des Nichts oder an das unfassbare Geheimnis verborgener Seligkeit zu glauben. Alle Positionen zwischen diesem tiefsten Abgrund und dieser höchsten Höhe lassen sich auf die Dauer nicht halten"[77]

---

[75] Teilhards Hauptwerk „Das göttliche Milieu, S. 152
[76] Joseph Ratzinger „Wendezeit für Europa, Freiburg 1992, S. 113
[77] Karl Rahner „Unbegreiflicher – so nah", Grünewald, Mainz, 1999, S. 185

Woche 35 – Das unterscheidend Christliche

Ganzheitlich Leben erspüren – ganzheitlich Glauben riskieren – das ist in einem die Aufforderung, sich (endlich) der Frage zu stellen nach dem unterscheidend – Christlichen. Was macht das Christentum wesentlich aus? Worin unterscheidet sich das Christentum, worin unterscheidet sich das Leben des Christen, wenn es aus seinen tiefsten Quellen schöpft, die längst nicht immer klar im Bewusstsein offenliegen und exakt aussagbar sind, so dass es auch – oft genug – „anonyme Christen" gibt, die deutlich vorleben, was es mit dem Christentum im Eigentlichen auf sich hat:

> „Das ›unterscheidend Christliche‹ nach Rahner ist das allen Menschen von Gott angebotene, seine Gnade. Während, so kann man sagen, sich andere Identitäten durch Abgrenzungen bestimmen, ist das Christliche als das Gemeinsame aller Menschen auf Grund ihrer Herkunft und Zukunft in Gott auszulegen." [78]

Es ist dieses beglückende Paradox, dass das, was zunächst nach ‚Abgrenzung‘ aussieht, letztlich ‚das Gemeinsame aller Menschen‘ meint. Wenn und weil das so ist, kann ich von der „Freude eines Christenmenschen" erzählen. Und wenn dann die Fragen auftauchen, wie es denn mit der Kirche ist, in der so viele Dinge zu verändern sind, damit sie ihren Auftrag erfüllen kann, der mit ihrem Sein gegeben ist – was ist dann zu sagen und zu tun? Mich lassen diese Fragen auch nicht ‚kalt‘; es ist nicht so, dass ich nicht ab und an sorgenvoll schaue, was sich in Kirche und Gesellschaft tut. Und doch: Wenn vieles in Frage steht, gehe ich an mein Bücherregal, greife mir ‚meinen‘ Rahner heraus, bei dem ich dann diese trostvolle, ermutigende und klärende Aussage finde:

> „Alles Kirchliche, also alles Institutionelle, Rechtliche, Sakramentale, alles Wort, aller Betrieb in der Kirche und also auch alle Reform von all diesem Kirchlichen ist im letzten Verstand und in der letzten Absicht, so es sich nur selber

---

[78] Roman A. Siebenrock in „Nach Rahner" – post et secundum, Köln 2004, S. 86

richtig begreift und sich nicht selbst vergötzt, reiner Dienst, bloße Hilfestellung, für etwas ganz anderes, etwas ganz Einfaches und so gerade unbegreiflich Schweres und Seliges zumal: für Glaube, Hoffnung und Liebe in den Herzen aller Menschen."[79]

‚Hilfestellung …für Glaube, Hoffnung und Liebe' zu geben – ist das nicht ein wunderbarer und vor allem ein dankbarer Auftrag für die „Kirche in der Welt von heute"[80]?

Woche 36 – Kirchliche Sinnspuren in not- und säkularen Wendezeiten

Das Fragen lernen

Der Freiburger Theologe Albert Raffelt schrieb im Jahr 2023 – zunächst im französischen Sprachraum:

> „Die deutsche katholische Theologie hatte in der zweiten Jahrhunderthälfte des 20. Jahrhunderts vor und nach dem Zweiten Vatikanischen Konzil Weltgeltung. Sie hat wesentlich dazu beigetragen, dass die katholische Kirche eine milieukatholische oder gegengesellschaftliche Enge überwunden hat und in vorher beargwöhnte Dialoge eingetreten ist, sei es in ökumenischer, religiöser, gesellschaftlicher oder auch politischer Hinsicht. Durch prägende Persönlichkeiten ist sie auch in der Leitung der Weltkirche angekommen. Karl Rahners Werk hat dabei eine

---

[79] Karl Rahner „Das Konzil – ein neuer Beginn", mit einer Hinführung von Karl Kardinal Lehmann, herausgegeben von Andreas R. Batlogg und Albert Raffelt, Freiburg-Basel-Wien 2012, S.52– Der Text des Vortrages von Karl Rahner ist auch abgedruckt in Rahners SW, 21/2, S. 775 ff
[80] Konzilskonstitution

große anregende Qualität gehabt und ist nach wie vor in vieler Hinsicht hilfreich." [81]

Für mich ist dieser Fingerzeig auf das Werk Karl Rahners auch insofern bedeutsam, weil wir in diesem Monat September den kirchliche Sinnspuren in not- und säkularen Wendezeiten besonders nachspüren wollen. Wodurch zeichnet sich denn unsere Zeit heute in signifikantem Maße aus? Wer das Weltgeschehen auch nur einigermaßen unvoreingenommen betrachtet und beobachtet, wird sich der ‚Diagnose' Friedrich Nietzsches kaum verschließen können, dass wir zunehmend ohne Orientierung im unendlichen Raum herum taumeln. Und der bittere Ausruf Dostojewskis, den er angesichts der Gottesleugner im 19. Jahrhundert formulierte, dass, wenn Gott verschwunden ist, dann ja wohl alles erlaubt ist- wer wagt es wirklich und mit gutem Gewissen, hier zu widersprechen?

Ein erster Fingerzeig, der uns von Karl Rahner hergegeben wird, könnte lauten, dass wir nicht (mehr) alles als selbstverständlich ansehen und hinnehmen. Dass wir Plausibilitäten irritieren, indem wir uns (wieder) mehr mühen, „das Fragen zu lernen" [82].

Woche 37 – Was kann man noch wissen, was kann man noch glauben?

Kirchliche Sinnspuren in not- und säkularen Wendezeiten ist unser Thema. Wir wollen Fragen stellen, Fragen, die Selbstverständlichkeiten aufheben. Wir leben nicht mehr in Zeiten des militanten Atheismus wie im 19. Jahrhundert. Es gab eine Zeit, in der man sich dazu verstieg, zu behaupten, man wisse nicht nur, dass es Gott nicht gibt. Man könne sogar beweisen, dass und warum es ihn per se gar nicht geben kann. Diese Haltung war reichlich naiv und wurde vor allem auch durch existentielles Denken und existentielle Erfahrungen im 20. Jahrhundert ad absurdum geführt. Allmacht und

---

[81] Albert Raffelt in Patria e Umanita, Trieste, 2023Pensa Editore XVI, S.321 – 346 (hier 321 f)
[82] Titel des Theologischen Jahrbuchs 1975, Leipzig

Ohnmacht kennzeichnen das menschliche Empfinden bis in die Gegenwart hinein ebenso wie der Glaube an die Wissenschaft und das gleichzeitige Eingeständnis der nicht zu überwindenden Relativität allen Seins, aller Erkenntnis, aller Sprache und allen Tuns. Anstelle der Gottesleugnung trat die Erfahrung der fast völligen Irrelevanz dessen, was mit Religion gemeint ist bzw. sein könnte in fast allen gesellschaftlich-relevanten Vorgängen. Zumindest kann man diese ‚Mentalität' für unseren Bereich, also für Westeuropa konstatieren. Der Ausfall der Gottesfrage allerdings führt fast immer auch zum Ausfall der Frage nach dem Menschen. Hier gibt es eine Korrelation, die nicht aufzulösen ist. Denn wenn ein Aspekt ausfällt, fällt der andere dahin. So kommt es zustande, dass das Zeitalter des Ausfalls der Gottesfrage einhergeht mit einem ungeahnten Esoterikboom, einem ungehemmten Konsumismus und der Erfahrung von Machtansprüchen und Ohnmachtserfahrungen, die sich gegenseitig verstärken.

Das Fragen lernen – Wie geht das angesichts dieses ‚Befundes' in not- und säkularen Wendezeiten? Karl Rahner formuliert eine fundamentale Erkenntnis menschlichen Seins in seinem „Grundkurs des Glaubens" folgendermaßen:

> „Man kann darum auch nicht im eigentlichen Sinn einen Begriff von Gott bilden und danach dann fragen, ob so etwas auch in der Wirklichkeit gegeben ist. Der Begriff in seinem ursprünglichen Grund und die Wirklichkeit selbst, die als solche dieser Begriff meint, gehen in einem auf oder werden in einem verborgen."[83]

Das leuchtet ein, weil vor jeder Reflexion immer die Lebenserfahrung steht. Rahner hat diese Erfahrungen existentiell durchlebt und in seinen Gebeten durchbuchstabiert. Etwa die Frage: Was kann man überhaupt noch wissen, was kann man überhaupt noch glauben, wer – Gott – bist Du? Wer bin ich? Wie hast du mich geschaffen?

> „Was habe ich also anders dir von dir zu sagen, als dass du der bist, ohne den ich nicht sein kann, als dass du die

---

[83] Karl Rahner „Grundkurs des Glaubens", SW 26, Freiburg-Basel-Wien 1999, 58

Unendlichkeit bist, in der allein ich, Mensch der Endlichkeit, zu leben vermag? ... ich bin der, der sich nicht selbst gehört, sondern dir. Mehr weiß ich nicht von mir, mehr nicht von dir – Du -, Gott meines Lebens, Unendlichkeit meiner Endlichkeit."[84]

Woche 38 – Was ist eine theologische Frage?

In seinem Buch „Karl Rahner - Eine Einführung in sein theologisches Denken"[85] ist das zweite Kapitel überschrieben mit „Aber vom Menschen wissen wir nichts...". Es geht um die vielfachen Fragen, was es denn mit dem Menschen auf sich hat. „Was ist des Pudels Kern?" hätte Goethe gefragt auf der Suche nach dem Menschen, was ihn denn im „Innersten zusammenhält". Was macht den Menschen wesentlich aus? Wer oder was bestimmt ihn? Die Erziehung, die Gene, das Ensemble gesellschaftlicher Verhältnisse, ‚Blut und Boden', ein Sammelsurium von alldem – was ist es, das den Menschen ausmacht? Wesentlich ausmacht. Wer kann Antworten geben in unseren not- und säkularen Wendezeiten? Am allerwenigsten hilft Hybris, Angst und Überheblichkeit, nur weil man sich überfordert fühlt vom Strom der immer mehr anwachsenden Erkenntnisse aus Biologie, Neurologie, Soziologie, Psychologie und anderer anthropologischer Wissenschaften.

Mir hilft bei all dem eine Aussage über die Theologie Karl Rahners weiter, die von Wissen und Verstehen sowie Bescheidenheit gleichermaßen gekennzeichnet ist:

„Rahner...fragt, was denn der Theologe in seiner Anthropologie eigentlich aus dem Glauben vom Menschen wisse. Er antwortet: „Dass er das Wesen sei, das sich in Gott

---

[84] „Beten mit Karl Rahner", Band 2 „Gebete des Lebens", Freiburg-Basel-Wien 2004, S. 27 – SW 7, 5

[85] Karl-Heinz Weger „Karl Rahner – Eine Einführung in sein theologisches Denken, Freiburg-Basel-Wien 1978

hinein verliert. Sonst doch eigentlich nichts. Denn nur was in diesem Satz impliziert ist, oder was unter diesem Horizont vom Menschen ausgesagt wird, ist eine wahrhaft theologische Aussage. Jede andere Aussage über den Menschen erhält ein theologisches Gewicht nur, wenn sie darauf zurückgeführt werden kann oder von daher verstanden wird, wenn einsichtig wird, ... dass die Leugnung einer bestimmten Aussage die Verwiesenheit des Menschen auf Gott aufheben würde."...Wenn der Mensch Geheimnis ist, dann gilt für ihn dasselbe wie im Hinblick auf Gott: er darf sich auch von sich selbst kein „Bild" machen, in dem er meint, in vielen Einzelzügen (über sein letztes Wesen hinaus) ein für alle Mal erfassen zu können, was er ist." [86]

Warum ist diese Überlegung so wichtig, gerade in diesen unsicheren Zeiten? Weil sie einerseits der Fülle neuer Erkenntnisse und Erfahrungen offen gegenübersteht. Und weil sie ein Kriterium bereitstellt, an denen ich unzulässige Engen, Sackgassen und unzulässige Reduktionen erkennen kann. Dann nämlich, wenn „die Leugnung einer bestimmten Aussage die Verwiesenheit des Menschen auf Gott aufheben würde". Hier wird mir deutlich, welches auch eine der wesentlichen Aufgaben der „Kirche in der Welt von heute" [87] ist, nämlich das Geheimnis des Menschen, das in Gott begründet ist, zu schützen und zu wahren und ein Stoppschild aufzustellen überall dort, wo der Versuch unternommen, es in unzulässiger Weise aufzulösen. Bei allem, was anthropologische Wissenschaften an Hilfen bereitstellen (können) für die menschliche Fortentwicklung und Selbstverwirklichung – und das ist eine ganze Menge, die in immer größerem Tempo weiterhin im Wachsen begriffen ist – wenn sie das Geheimnis des Menschen aufzulösen versuchen, überdehnen sie ihre Möglichkeiten mit einem Anspruch, der unzulässig ist. Das Geheimnis des Menschen partizipiert am Geheimnis Gottes. Durch dieses personale, absolute Geheimnis der Liebe sind Sein und Würde des Menschen bei dem, den wir GOTT

---

[86] Siegfried Hübner in „Gott als Geheimnis des Menschen" von Klaus P. Fischer/ Siegfried Hübner Wiesmoor 2015, S.105 ?
[87] Konzilskonstitution

nennen, hinterlegt. Seine Liebe begründet Menschenrecht und Menschenwürde – bedingungslos.

Woche 39 – Letzte Worte über den Menschen – und über Gott

In der letzten Meditation im Monat September über kirchliche Sinnspuren in not- und säkularen Wendezeiten komme ich noch einmal auf die Anthropologie, die Lehre über den Menschen zurück, die sich heute aufspaltet in einen unübersehbaren Pluralismus von Wissenschaften, die unzählig viele und verschiedene Aspekte immer differenzierter erforscht und -hoffentlich zum Segen für die Menschheit– auch anwendet. Niemand wird hier einen allumfassenden Überblick gewinnen können, denn heutige Resultate des Wissens sind schon morgen veraltet. Und die Möglichkeiten künstlicher Intelligenz, die unendlichen Speichermöglichkeiten von unbegrenzten Datenmengen, stellen einen Fortschritt dar, der nicht geleugnet werden kann und nicht geleugnet werden darf. Dessen Ambivalenz im Gebrauch allerdings auch Quelle großer Sorgen, Fragen und Ängste ist.

Es bleibt die Frage, ob es ‚letzte Worte' über den Menschen gibt, Worte, die keine erschöpfende Summenformel abgeben, die aber geeignet sind, das Geheimnis des Menschen zu wahren und zu schützen. In seiner Arbeit über die Theologie Karl Rahners[88] hat Ralf Miggelbrink einige solcher ‚letzten Worte' über den Menschen gefunden:

> „Das letzte Wort der Theologie an den Menschen ist nicht die theoretische Spekulation über das Maß an Freiheit und Verantwortlichkeit in Einzelfällen, sondern die Zusage, dass sich Gott in seiner Gnade dem Menschen zu liebender Nähe anbietet und auch die akthafte Annahme seiner

---

[88] Ralf Miggelbrink „Ekstatische Gottesliebe im tätigen Weltbezug", Altenberge 1989

Selbstmitteilung in der personalen Liebesekstase noch von Gott ermöglichend getragen ist."[89]

„Das letzte Wort der Theologie Karl Rahners als anthropologischer ist die mystagogische Aufforderung, die Nächstenliebe zu vollziehen als Verähnlichung Christi und als Erfüllung des Begriffes, den Gott mit seiner Inkarnation vom Menschen gebildet hat."[90]

„Die Theologie ist der die ganze Existenz kostende Aufwand, die Geheimnishaftigkeit Gottes als vom Menschen anzunehmende zu verteidigen gegenüber dem hybriden Zugriff auf Gott. Damit ist aber die Theologie als unter dem Gesetz der Analogie stehende notwendig ein schmerzhaftes Tun." [91]

Vielleicht ist dieser Dienst heute am allerwichtigsten und die Kirche wird weder ihrem Sein noch ihrem Auftrag, der sich aus ihrem Wesen ergibt, gerecht, wenn sie diesen Aufwand scheut, „die Geheimnishaftigkeit Gottes als vom Menschen anzunehmende zu verteidigen." Und dabei hat sie ein unverrückbares ‚Leitbild‘ vor Augen gestellt bekommen, nämlich die „Erfüllung des Begriffes, den Gott mit seiner Inkarnation vom Menschen gebildet hat". Alles, was wir denken und tun, hat sich an der „Verähnlichung Christi" zu orientieren. Daran hat sie Maß zu nehmen – nur daran!

Woche 40 – Räume und Zeiten der spirituellen Tiefendimension des Lebens

---

[89] Ralf Miggelbrink „Ekstatische Gottesliebe im tätigen Weltbezug", Altenberge 1989, S. 148
[90] Ralf Miggelbrink „Ekstatische Gottesliebe im tätigen Weltbezug", Altenberge 1989, S. 317
[91] Ralf Miggelbrink „Ekstatische Gottesliebe im tätigen Weltbezug", Altenberge 1989, S.70

Wir müssen nochmals ganz neu durch diese Dinge hindurchgehen.

Wenn wir im Oktober, fast am Ende des Kirchenjahres, das mit dem Christkönigssonntag in der katholischen und dem Ewigkeitssonntag in den evangelischen Kirchen endet, bevor die Adventszeit ein neues Kirchenjahr einläutet - wenn wir also im Herbst des Jahres Räume und Zeiten der spirituellen Tiefendimension des Lebens bedenken, kommt mir ein Buch in den Sinn, das ich gerade in jenen Zeiten zur Hand nehme, wenn die Tage kürzer werden und die Nächte länger, wenn es früher dunkel wird und man sich kaum noch länger draußen am Tag im Freien aufhält. Im Herbst seines Lebens schrieb der ehemalige Mainzer Bischof und langjährige Vorsitzende der Deutschen Bischofskonferenz Karl Kardinal Lehmann (1936 – 2018) das Buch *„Es ist Zeit an Gott zu denken"*[92], (83), indem er – der Bischof und Kardinal - beklagte, dass heute so „vieles ritualistisch, sakramentalistisch, so selbstverständlich" ist.

Das ist insofern überraschend und bedenkenswert, wenn man weiß, dass diese Kritik nicht von Irgendjemandem kommt, sondern von einem ehemals führenden katholischen Geistlichen in Deutschland, von einem allseits geschätzten Gesprächspartner, der viele Jahre lang Vorsitzender der Deutschen Bischofskonferenz war.

Lehmann gräbt in diesem Buch sehr tief. Nirgendwo bleibt er an der Oberfläche. Besonders fasziniert mich seine Bezugnahme auf große Bilder, u.a. von Friedrich Nietzsche, dem Pastorensohn und vielleicht bekanntesten und auch begabtesten Religionskritiker des 19. Jahrhunderts:

> „Wir haben die Erde losgekettet von der Sonne, wie das Licht ausgeht auf Erden, alles wird kälter." (84)

Und klagend fährt der Kardinal fort:

---

[92] Karl Lehmann „Es ist Zeit, an Gott zu denken" – Ein Gespräch mit Jürgen Hoeren, Freiburg-Basel-Wien 2000 (Die Zitate stehen im Text mit Seitenzahl in Klammern, Hervorhebungen - RH)

„Dass wir auch in den Kirchen den Namen Gottes preisgegeben haben". (84) Und weiter:

> „Ich habe mich mit all diesen Bildern intensiver beschäftigt und gespürt, dass dahinter alle großen Worte der Metaphysik, der Gotteserkenntnis stehen. Das ist nicht der frivole Atheismus, sondern da lebt zuerst ein ungeheurer Schmerz. Wir müssen nochmals ganz neu durch diese Dinge hindurchgehen, ohne damit zu kokettieren und ohne damit zu gaukeln." (84f)

Diese Worte haben mich tief bewegt, sie bewegen mich noch immer sehr. Hier stöhnt und klagt ein führender Kirchenmann am Ende seines Lebens; ja, er schreibt seiner Kirche gewissermaßen in' s Stammbuch, dass sie vielfach nur „kokettiert", „gaukelt" und oftmals viel zu „selbstverständlich" mit Gott umgeht. Lehmann beklagt ausdrücklich, dass die Kirche SEINEN Namen nicht selten „preisgegeben" hat. Das Bedenken der Räume und Zeiten der spirituellen Tiefendimension des Lebens kann, ja darf sich – auch und gerade heute – solche Tiefensonde der Analyse nicht ersparen.

Woche 41 – Das sich selbst absolut setzende Leben vernichtet sich selbst.

Wir dürfen uns eine ehrliche Analyse nicht ersparen, dieser Satz gilt. Es gilt aber auch der weiterführende Satz nämlich, dass wir nicht bei der Analyse stehenbleiben dürfen. Denn: Es ist nicht nur die Klage, es ist auch die Chance des Glaubens, die dieser bedeutende Kirchenmann ausmacht, wenn er schreibt:

> „Das ist nicht der frivole Atheismus, sondern da lebt zuerst ein ungeheurer Schmerz. Wir müssen nochmals ganz neu durch diese Dinge hindurchgehen... Dass Gott so tief verborgen sein kann, dass Menschen über lange Zeit überhaupt nicht das Gefühl haben, dass sie in dieser ‚Gottesfinsternis' irgendetwas vermissen, dass wir so starke Verdrängungskünstler sein können im Blick auf Gott- das hat

mich damals eigentlich schon geschockt, als ich nach Jahren des Studiums der Philosophie, der modernen Philosophie, wieder in die Theologie im engeren Sinne kam, und mir sagen musste: ‚So selbstverständlich von Gott reden, wie die das können, das kann ich nicht.'" (85)

Mich erinnert dieser ‚Aufschrei' des Kardinals an ein tiefes Wort von Dietrich Bonhoeffer:

„Das sich selbst absolut, als Selbstzweck setzende Leben vernichtet sich selbst. Vitalismus endet zwangsläufig im Nihilismus, im Zerbrechen alles Natürlichen. Das Leben an sich – im konsequenten Sinne – ist ein Nichts, ein Abgrund, ein Sturz; es ist Bewegung ohne Ende, ohne Ziel, Bewegung ins Nichts hinein. Es ruht nicht, ehe es alles in diese vernichtende Bewegung mit hineingerissen hat. Es gibt diesen Vitalismus im individuellen und im gemeinschaftlichen Leben. Er entsteht durch die falsche Verabsolutierung einer an sich richtigen Einsicht, nämlich, dass das Leben nicht nur Mittel zum Zweck, sondern auch Selbstzweck ist; auch diese Einsicht gilt für das individuelle wie gemeinschaftliche Leben. Gott will das Leben, und er gibt dem Leben eine Gestalt, in der es leben kann, weil es, sich selbst überlassen, sich nur vernichten kann. Diese Gestalt stellt das Leben aber zugleich in den Dienst anderen Lebens und der Welt."[93]

Bonhoeffer starb kurz vor dem Ende des schrecklichen II. Weltkrieges auf ausdrücklichen Befehl von Adolf Hitler. Seine Worte sind also vor über 80 Jahren geschrieben bzw. gesagt worden. Mir scheint, dass seine ‚Diagnose' über das sich absolut setzende Leben nichts an Aktualität eingebüßt hat. Wenn wir Räume und Zeiten der spirituellen Tiefendimension des Lebens in Ruhe und Ehrlichkeit bedenken, mag uns vielleicht aufgehen, dass es an uns liegt, ob wir diesen Mahn –

---

[93] Das Buch "Ethik" ist der 6. Band aus den gesammelten Werken (DBW) Bonhoeffers. Das Zitat steht auf Seite 171.

und Weckruf hören oder überhören. Das ist die Chance des Glaubens – und des Lebens!

> „So unterscheidet sich der Christ dadurch von demjenigen, der wirklich weder reflex noch anonym Christ ist, dass er aus seinem Dasein kein System macht, sondern unbefangen sich geleiten lässt durch die plurale Wirklichkeit, die auch eine finstere, dunkle, unbegreifliche ist." [94]

Woche 42 – Was im Leben wirklich zählt

In Zeiten der spirituellen Tiefendimension mag uns auch mehr als sonst bewusstwerden, was im Leben wirklich zählt, wonach uns ‚die Barmherzigkeit Gottes richten' wird. Die Antwort auf diese Frage öffnet vielleicht auch den Horizont, die Perspektive, die für den Einzelnen wie für die Menschheit insgesamt Lebenssinn und (Über)Lebenschance sichert. Die Antwort auf diese Frage, wonach uns Gottes Barmherzigkeit richten wird, könnte lauten: „Haben wir Erbarmen gezeigt?" Sie steht im Neuen Testament, in Mt 25, 31 ff. Es ist exakt diese Stelle aus der Heiligen Schrift, die auch für die bekannte Theorie Karl Rahners von den ‚anonymen Christen' so bedeutsam geworden ist:

> „Bedeutsam für die Theorie von den ‚anonymen Christen' ist die Gerichtsrede somit deshalb, weil nicht die Gliedschaft an einer ‚Heilsgemeinde' – an Israel oder an der Kirche -, sondern das Tun des Willens Gottes als ausschlaggebend für das Heil betrachtet wird. Noch mehr…Wer zu anderen Menschen barmherzig ist, stehe er selbst innerhalb oder außerhalb Israels, verhält sich damit zu Christus hin. Er ist dabei auf Christus ausgerichtet, selbst wenn er ihn gar nicht kennt."[95]

Es spricht sich leicht aus, dass wir drei Grundvollzüge kirchlichen Lebens haben, die Liturgie, die Verkündigung und die Caritas bzw. Diakonie. Gerade der letztgenannte Grundvollzug sollte einerseits

---

[94] Karl Rahner „Grundkurs des Glaubens", SW 26, 384
[95] Nikolaus Schwerdtfeger „Gnade und Welt", Freiburg-Basel-Wien 1982, S. 40

dafür sorgen, dass Menschen sich (nicht nur) in der Kirche nicht ‚abgehängt', sondern angenommen fühlen. Er sollte auch sicherstellen, dass kirchliches Leben der Welt zugewandt ist und bleibt-jener Welt, mit all ihren wunderbaren Möglichkeiten und gleichzeitig ihren grauenvollen Abgründen und Ängsten. Kirche darf dies weder verdrängen, noch darf sie davonlaufen oder sich in sich selbst verschließen, denn „das Wort ist Mensch geworden".

Woche 43 – Sich inmitten des Universums in den Händen Gottes bergen

Mir ist die Herausforderung der „Kirche in der Welt von heute" besonders nachdrücklich in einem Buch vor Augen geführt worden, das ebenfalls schon vor über 60 Jahren erschienen ist. Es stammt also aus einer Zeit, in der von Digitalisierung und auch von Globalisierung, wie wir sie heute kennen und erleben, explizit noch kaum die Rede war. Sowohl der ‚platte Materialismus' als auch die Anfrage durch fernöstliche Religionen spielten allerdings schon seinerzeit eine herausgehobene Rolle.

> „Worauf ich hinauswill, zeigt vielleicht am besten die Gegenüberstellung der christlichen und der buddhistischen Auffassung. Der Kern der buddhistischen Metaphysik ist die Lehre von der Nicht – Substanzialität und vom Nicht – Selbst. Nach dieser Lehre gibt es durch alle Seinssphären hindurch nichts Beständiges. Auch die menschliche Individualität ist nur scheinbar etwas Unteilbares und Dauerhaftes. In Wahrheit gibt es keine Dinge, sondern nur Prozesse, die für eine bestimmte Zeitdauer bestimmte Strukturen aufbauen, um sie dann wieder abzubauen. Die ‚Erlösung' besteht im Auslaufen der Prozesse und in der Auflösung der durch diese Prozesse zustande kommenden Strukturen, zu denen gerade auch die menschlichen Personen gehören."[96]

---

[96] Gerhard Szczesny in Friedrich Heer/Gerhard Szczesny „Glaube und Unglaube", München 1960, S. 78

Der Autor der „Zukunft des Unglaubens" - erschienen im Herbst 1958, das längere Zeit führend war als Bestseller in Freidenker –, und humanistischen Kreisen hat die ‚Alternative' zum Glauben exakt beschrieben. „Worauf ich hinauswill…" ist also nach Gerhard Szczesny als ‚Erlösung' anzustreben, nämlich die „Auflösung menschlicher Personen". Empfohlen wird die buddhistische Weltsicht, nach der Individualität nur Schein ist und Leiden verursacht. Es sei zunächst dahingestellt, ob Szczesny die buddhistische Weltsicht richtig verstanden und beschrieben hat. Auf diese grundsätzliche Infragestellung christlicher Weltsicht vor mehr als60 Jahren hat in unseren Tagen besonders Eugen Drewermann in gleichermaßen einfühlsamen wie einprägsamen Worten geantwortet:

> „Der Buddha ist Jesus ähnlich in der Analyse…Auch der Buddha will im Grunde den Blick auf den Menschen mit den Augen eines Arztes, eines Therapeuten, richten. Man soll…den Ursachen nachgehen…So findet er eine ganze Menge… wie die üblichen Fehlidentifikationen, so würden wir heute sagen, nebst all den falschen Ansprüchen, die sich daraus ergeben, Illusionen aller Art. All das kann man auflösen, lehrt der Buddha, und dann Frieden haben. Für Jesus ist das Problem des menschlichen Daseins durchaus vergleichbar, doch es stellt sich ihm ungleich dramatischer, indem er von den Ängsten der Person ausgeht. Das ist etwas, das der Buddha so nicht kennt…Buddha kann sich am Ende ins Universum auflösen. Jesus kann die Angst, die er als Problem entdeckt, nur lösen, indem er dem Individuum hilft, sich selber in aller Ausgesetztheit inmitten des Universums in den Händen Gottes zu bergen."[97]

Sich selbst in den Händen Gottes, der absolut liebenden Person im Hintergrund aller geschaffenen Wirklichkeit, geborgen fühlen – was gäbe unsere Zeit dafür, dass sie dies doch (endlich) glauben könnte? Wie hoch ist angesichts dessen unsere Berufung, unser Auftrag durch Wort und Tat, durch unser gesamtes Leben, diese Botschaft glaubwürdig zu bezeugen!

---

[97] Eugen Drewermann „Wir glauben, weil wir lieben", Ostfildern 2010, S. 61 f

Woche 44 – Hoffnungstüren zwischen Himmel und Erde

Geheime Spiritualität

In diesem Monat geht es noch einmal um die Hoffnung, um Hoffnungstüren zwischen Himmel und Erde. Wie soll sich die Kirche, wie sollen sich Christen im Hier und Jetzt verhalten, um eine Hoffnungsperspektive zu vermitteln. Nicht nur durch Worte, sondern vor allem durch Taten der Liebe. Allerdings sollten sie auch in der Lage sein, begründete Antwort geben zu können, wenn sie gefragt werden nach dem Grund ihrer Hoffnung. Als Leitlinie gewissermaßen kommt mir ein Wort aus Karl Rahners „Strukturwandel" in den Sinn:

> „Wir haben zuerst und zuletzt dem Menschen von heute vom innersten, seligen, befreienden, aus Angst und Selbstentfremdung erlösenden Geheimnis seines Daseins zu künden, das wir ‚Gott' nennen…Wo der Mensch die Erfahrung Gottes und seines aus der tiefsten Lebensangst und der Schuld befreienden Geistes auch anfanghaft nicht gemacht hat, brauchen wir ihm die sittlichen Normen des Christentums nicht zu verkündigen. Er könnte sie ja doch nicht verstehen…"[98]

Wie oft wird – auch bei uns, in unseren Kirchen – mehr moralisiert als motiviert, mehr kritisch beargwöhnt als ermutigend und wohlwollend begleitet? Mit Karl Rahner gefragt:

> „Wo lassen wir uns darüber belehren, dass alles gesellschaftskritische und gesellschaftspolitische Engagement, das heute als Kampf für mehr Freiheit und Gerechtigkeit heilige Pflicht der Christen und der Kirche ist, eine geheime Spiritualität in sich birgt oder bergen müsste, weil es für den Christen herauswächst aus jener innersten,

---

[98] Karl Rahner „Strukturwandel der Kirche als Aufgabe und Chance", Freiburg-Basel-Wien 1972, S. 72, SW 24/2, 490 - 579

absoluten Verpflichtung, die den Menschen vor Gott stellt, ob er dies reflektiert oder nicht?" [99]

Die ‚geheime Spiritualität', von der Karl Rahner spricht, die „herauswächst aus ...der „innersten, absoluten Verpflichtung, den Menschen vor Gott stellt" – sie ist Ausdruck einer Tiefe und Weite gläubigen Seins und gläubigen Tuns, das uns wahrnehmen lässt, was alles an Glauben, Hoffnung und Liebe sich ‚aktualisiert', wo Menschen sich einsetzen für „mehr Freiheit und Gerechtigkeit".

Woche 45 – Theologie vom Menschen her

Wer Hoffnungstüren zwischen Himmel und Erde öffnen will, wird gut daran tun, seinen Blick auf den Menschen zu schärfen. Denn nur eine Theologie, die den Menschen hinreichend im Blick hat, kann die Heilsantwort auf die Gebrochenheit menschlicher Existenz überhaupt vernehmen.

„Theologie vom Menschen her – das heißt zu integrieren, was man heute über den Menschen weiß: - seine Gefühle, die den Hunderten von Millionen Jahren sich verdanken, in denen er sich aus der Tierreihe entwickelte; die Antriebe, Sehnsüchte, Bilder seiner Psyche, die tief im Unbewussten liegen; die Ohnmacht des Bewusstseins gegenüber dem bewussten Wollen; die abgründige Ausgeliefertheit im Getto seiner Ängste, Aggressionen, Zwänge und Kompensationsversuche; - das Warten auf Erlösung durch eine Gnade, die es inmitten der gesamten Welt nicht gibt. D a v o n im Wesentlichen hat das Christentum zu sprechen, darin liegt seine Offenbarung, dadurch allein vertieft sich sein Blick auf die Menschen im Untergrund der oberflächlichen Bewertungen nach Gut und Böse auf der Ebene von Ethik und Jurisprudenz...Ein solcher Perspektivwechsel ist total; er ändert nicht den Inhalt, doch die

[99] Karl Rahner „Strukturwandel der Kirche als Aufgabe und Chance", Freiburg-Basel-Wien 1972, S. 91, SW 24/2, 490 - 579

Richtung der gesamten Religion. Sie…dient der Heilung jener Krankheit, die das Dasein ohne Gott, im Feld radikaler Gnadenlosigkeit der Welt, sein muss." [100]

„Eine Gnade, die es inmitten der gesamten Welt nicht gibt." D a v o n hat das Christentum zu sprechen. Das ist vielleicht auch das, was am Allermeisten heute vonnöten ist in einer Zeit, die Hoffnung und Sehnsucht verdrängt durch eine Imagination von Allmachtsphantasien, um dahinterstehende Ängste zu kompensieren. Eugen Drewermann beschreibt eindringlich und in einer aufrüttelnden Passage, wie Kirche sich heute gewissermaßen ‚zu verorten' hat. Es geht nicht um den Inhalt der Botschaft – er ist und bleibt gültig. Doch stimmt unsere Richtung (noch)? Denn Religion hat – und zwar auf den verschiedensten Feldern - dem Menschen von heute wirksam zu helfen, seine vielfältigen und verschiedensten Sorgen und Nöte überhaupt erst wahrzunehmen, sich seiner „abgründige(n) Ausgeliefertheit im Getto seiner Ängste, Aggressionen, Zwänge und Kompensationsversuche" überhaupt erst bewusst zu werden.

Dieser ‚Aufklärung' muss praktische und angemessene Hilfe folgen, Hilfe die erfahrbar, die spürbar ist. Nur so wird man mit Ängsten und Nöten angemessen und konstruktiv umgehen können. Um es noch einmal anders, mit den Worten Eugen Drewermanns zu formulieren, die anmuten wie eine „Kurzformel des Glaubens":

„Es läuft hinaus auf eine therapeutische Form des Religiösen, die an die Stelle des moralischen Imperativs die Erfahrung eines existentiellen Optativs setzt: nicht das <<Du musst>> des Gesetzes, einzig das <<Du darfst sein>> der Liebe öffnet den Raum einer Menschlichkeit, in dem die Forderungen der Sittlichkeit erfüllbar werden." [101]

---

[100] Eugen Drewermann „Das Wichtigste im Leben", Ostfildern 2015, S. 50 (ursprünglich aus Eugen Drewermann „Wendepunkte", Ostfildern 2014, S. 19
[101] Eugen Drewermann „Liebe, Leid und Tod" – Daseinsdeutung in antiken Mythen, Ostfildern 2013, S. 703

Woche 46 – Kleine Fibel für verunsicherte Laien

Kleine Fibel für verunsicherte Laien ist der Titel eines Buches von Hans Urs von Balthasar, dem großen Schweizer Theologen, das genannt werden muss, wenn es um das Öffnen von Hoffnungstüren zwischen Himmel und Erde geht. Balthasar litt an einigen Erscheinungen innerhalb der Kirche, die das Zeugnis des Glaubens, der Hoffnung und der Liebe in Frage stellten, es verzerrten oder ihm gar gänzlich widersprachen. Er legte das Buch mehrmals auf; die Sorge um das kirchliche Erscheinungsbild trieb ihn in seinen letzten Lebensjahren um. Und dennoch wurde er weder pessimistisch noch fatalistisch, wenn er feststellte:

> „Heute dürstet das Volk in einer immer säkularisierteren , gottleereren Welt nach geistlichem Trank. Es möchte Lehrern der Stille, der Einkehr, des Gebetes begegnen, findet aber vielbeschäftige, bei den nachkonziliaren Wirren und antiautoritären Kontestationen stehengebliebene, endlos um ihre eigene Identität ringende Kleriker und nicht selten auch Ordensleute. Darum wandern so viele aus und suchen das, worauf sie ein Recht haben…Dieses suchende Volk Gottes darf sich seinen Sinn für das Katholische nicht abstumpfen lassen, es soll vielmehr in der Stunde, da manche Hirten verstummen oder gar offen versagen, seine Verantwortung wahrnehmen…" [102]

Balthasar fordert die Christen auf, den „Sinn für das Katholische nicht abstumpfen (zu) lassen". Und worin besteht nun der „Sinn für das Katholische"? Um aufzuzeigen worum es geht bei all unserem Denken und Reden über „das Katholische", schauen wir noch einmal bei Karl Rahner nach. In seinem Buch *Einübung priesterlicher Existenz*[103], das seinem „Grundkurs des Glaubens" als hilfreiche

---

[102] Hans Urs von Balthasar „Kleine Fibel für verunsicherte Laien", Einsiedeln-Trier 1980 (3. Auflage 1989), S.87 f
[103] Karl Rahner „Einübung priesterlicher Existenz", Freiburg – Basel – Wien 1970, SW 13, 269-437 – Ein Buch, das Nikolaus Schwerdtfeger in seiner verdienstvollen Arbeit „Gnade und Welt" über die Theologie Karl Rahners folgendermaßen charakterisiert: „Die Titel zweier Werke von ihm belegen exemplarisch, dass beides

Ergänzung und als ebenbürtig zur Seite gestellt wird, schreibt Karl Rahner gleich zu Beginn, auf was es in Kirche und Christsein ankommt. Damit nimmt er Balthasars Anliegen auf, die „verunsicherten Laien" zu stärken, zu stützen und zu begleiten. Es kommt nach Karl Rahner entscheidend an auf

> „Den Geist des Engagements, den Mut zur Selbstkritik…das Wagnis des Glaubens, auch wenn man nicht um seine konkrete Gestalt der Verwirklichung weiß, den selbstlosen Dienst am Nächsten und endlich: die Liebe…es braucht da nichts geändert zu werden, wo es um den eigentlichen Anspruch des Christentums und des Priestertums geht: der Liebe unter den Menschen und damit dem Kommen des Reiches Gottes zu dienen." [104]

Woche 47 – Du hast uns geborgen

In einem Gebet, mit dem Karl Rahner eine Meditation über den Glauben beschließt, spricht auch Rahner von der menschlichen Existenz, von unseren „Abgründen", von selbstgeschaffenen, eigenen „Götzen", vor denen wir schließlich und endlich „versteinern". Er spricht vor allem davon, dass Gottes „Unermesslichkeit die grenzenlose Weite unseres Lebens" ist. Darum kann uns nie etwas Endliches wirklich ausfüllen und endgültig zufriedenstellen. Nur darum ist – wie Augustinus es ausdrückt – „unser Herz unruhig, bis es ruht in DIR". Weil Gott SICH SELBER uns schenkt, weil er uns „unmittelbar" zu IHM gemacht hat, weil diese Wirklichkeit uns im Mann aus Nazareth unwiderruflich verheißen und greifbar erschienen

---

bei ihm zur Geltung kommt, dass seine Theologie nicht nur auf die *„Einführung in den Begriff des Christentums* „zielt, wie der Untertitel vom „Grundkurs des Glaubens" lautet, in dem seine transzendental – anthropologisch dimensionierte Theologie ihre ausgereifteste Gestalt gefunden hat, sondern auch auf die *„Einübung priesterlicher Existenz"* , wie ein anderes, weniger bekanntes, jedoch kaum minder bedeutendes Buch von ihm heißt, das den zweiten Typus der Theologie repräsentiert. – Nikolaus Schwerdtfeger „Gnade und Welt", Freiburg- Basel- Wien 1982, S. 65
[104] Karl Rahner „Einübung priesterlicher Existenz", Freiburg – Basel – Wien 1970, S. 7- SW 13, 269-437

ist, darum sind wir im Glauben frei – frei von Ängsten, Sorgen und Nöten.

Und auch hier gilt der Umkehrschluss: Wo wir in unserem Leben Menschen erleben, die einfach gut sind, die gleichsam implizit oder anonym all das praktizieren, was wir in kirchlicher Sprache als Glaube, Hoffnung und Liebe bezeichnen, wo also Menschen so frei (geworden) sind, dass wir an ihnen ablesen können, was unser Glaube meint und bezeugt – da ist Gott mit seiner Gnade „immer schon" am Werk, da sprengt er jede– auch institutionelle - Enge und Kleingläubigkeit. Da stiftet er Hoffnung auf ein „Leben in Fülle". So soll ein Gebet Karl Rahners am Monatsende und am Ende des Kirchenjahres Hoffnungstüren zwischen Himmel und Erde öffnen:

> „Gott, ewiges Geheimnis unseres Daseins, du hast uns befreit, indem deine eigene Unermesslichkeit die grenzenlose Weite unseres Lebens geworden ist. Du hast uns geborgen, indem du uns alles außer deiner eigenen Grenzenlosigkeit zu Vorläufigkeiten gemacht hast... indem du uns alle Götzen immer wieder zerstörst in uns und um uns herum, die wir anbeten wollen, an denen wir aber dann selbst versteinern... Wenn wir wirklich und ganz an dich glaubten als an den, der sich uns gegeben hat, dann wären wir wirklich frei. Du hast uns diesen Sieg verheißen, weil Jesus von Nazareth ihn im Tod errungen hat für sich und seine Brüder, indem er auch im Tod der Verlassenheit nochmals dich als Vater fand." [105]

Woche 48 – Advent 1

Die Lichtgeburt aus dem Dunkel des nur – Menschlichen

Noch ist die Träne nicht weggewischt von jeglichem Angesicht

Es gibt Gräuel, da verschlägt es einem die Sprache, da wird man tatsächlich sprachlos. Jeder von uns hat das sicherlich schon erlebt.

---

[105] Karl Rahner „Gebete des Lebens", Freiburg-Basel-Wien 1984 (Neuausgabe 1993), S. 108f – SW 26, 506

Der Massenmord an den Juden im so genannten Dritten Reich gehört für mich dazu. Unfassbar, unerklärlich, unentschuldbar. Fassungslos machen mich darum auch Worte und Gesten, die heute im Umlauf sind und die diese abgrundtiefen Verbrechen verharmlosen.

Und es gibt Worte, Gesten und Taten des Guten, die machen ebenfalls sprachlos. Am 07.12. 1970, in der polnischen Hauptstadt Warschau, am Mahnmal des jüdischen Gettos, geht – vor aller Weltöffentlichkeit – der deutsche Bundeskanzler Willy Brandt auf die Knie und bittet um Vergebung. Später wird Brandt sagen, dass er das tun musste, was jeder anständige Mensch tun muss, wenn ihm die Sprache versagt anlässlich der Erinnerung an unbeschreibliches menschliches Leid.

Advent heißt ‚Ankunft‘. Hier kommt für mich etwas an, von dem und auf das hin wir als Menschen alle leben. Nur mühsam können wir es versuchen zu sagen. Christen nennen es Gnade, das jüdische Schalom meint ebenfalls einen allumfassenden Frieden und eine nie versiegende Freude.

Noch ist Advent, der auch die Zeit der Vorbereitung auf die Ankunft des Herrn meint. Helfen wir mit, dass mehr Gnade, mehr Schalom in diese Welt kommt. Sie braucht es so sehr, denn „Noch ist die Träne nicht weggewischt von jeglichem Angesicht"[106].

Woche 49 – Advent 2

Gott, unser Vater?

Der Advent ist die Zeit der Vorbereitung, der Stille. Menschen früherer Zeiten gestalteten die Adventszeit als Zeit der Vorbereitung auf...? Ja, auf was eigentlich? Denn Advent heißt auch Ankunft. Wenn Herrscher sich ankündigten, dann bereitete und bereitet man sich entsprechend vor, denn man möchte ja einen guten Eindruck

---

[106] Buchtitel von Bernhard Grümme, Altenberge 1996

hinterlassen. Heute ist das sicherlich nicht viel anders als in früheren Zeiten. Der Advent – er ist die Zeit der Vorbereitung auf die Ankunft Gottes durch Jesus in unsere Welt. Seine Worte, Gesten, sein Leben bis hin zu Kreuz und Auferstehung bezeugt eines unmissverständlich: Wir sind weder Kinder des Zufalls, noch sind wir Fehlentwicklungen im Zuge einer umfassenden Evolution. Nein, wir sind Kinder eines liebenden Vaters, der ganz sicher auch viele mütterliche Seiten hat.

Doch, stimmt das? Kann das überhaupt stimmen? Viele Menschen können das nicht (mehr) glauben. Stellvertretend für viele, die stumm und wortlos über diese Frage hinweggehen, hat Reinhold Schneider (1903-1958) vor fast 70 Jahren exemplarisch diese Anfrage an den Glauben formuliert:

> „Des Vaters Antlitz hat sich ganz verdunkelt; es ist die schreckliche Maske des Zerschmeißenden, des Keltertreters; ich kann eigentlich nicht ‚Vater‘ sagen."[107]

Wie kann eine mögliche Antwort lauten? Kann es überhaupt eine Antwort darauf geben? Eine adventliche Antwort, die nicht ab-, sondern aufschließt, die die Erwartung nicht hindert und tötet, sondern sie in eine Perspektive des Verstehens, der Hoffnung und der frohen Zukunft rückt. Eine Antwort des Advents, die sich die Freude auf das Geschenk von Weihnachten nicht ausreden lässt. Vielleicht ist dies eine Antwort, die uns mitten hineinnimmt in die vorweihnachtliche Erwartung:

> „Der Glaubende wird aber aus eigener Erfahrung alles Verständnis für einen ‚bekümmerten Atheisten‘ haben, für einen, der verstummt vor dem finsteren Rätsel des Daseins. Man kann ruhig mit Simone Weil sagen, dass von zwei Menschen, die beide keine echte Erfahrung Gottes gemacht haben (und das mag auch von schrecklich vielen gelten, die sich Christen nennen), derjenige, der ihn leugnet, vielleicht Gott näher ist als der, der von ihm nur in gesellschaftlichen Klischees daherredet. Ein solcher ist Gott deshalb näher, weil die unerfüllte metaphysische Sehnsucht (sofern diese wirklich

---

[107] Reinhold Schneider „Winter in Wien", Freiburg-Basel-Wien 1958, 1963, S. 110

da ist und man sich ihr aussetzt, sie bekümmert ausgelitten wird und nicht nochmals narzisstisch genossen wird) insgeheim mehr von Gott weiß als der sogenannte ‚Gläubige‘, der meint, Gott sei eine Frage, mit der er schon längst fertig geworden sei.“ [108]

Für mich ist dies eine Botschaft des Advents, weil sie darauf hinwirkt, nicht zu meinen, Gott sei eine Frage, mit der man irgendwie fertig werden kann. Es ist Advent, wenn wir erleben und davon Zeugnis geben, dass man mit Gott nie ‚fertig‘ wird. Wer kann sich schon einer umfassenden Liebe entziehen?

Woche 50 – Weihnachten - Ein Gespräch 1

A:

Draußen auf der Straße glauben die meisten Menschen nicht an Christus. Warum feiern alle Weihnachten?

B:

Ich glaube, bei allen Menschen gibt es eine tiefe Sehnsucht nach Frieden, Geborgenheit, Gemeinschaft. Gerade in der kalten und dunklen Jahreszeit sehnt man sich in besonderer Weise nach Wärme und Licht. Dafür steht für viele Menschen heute das Weihnachtsfest. Viele erinnern sich sicherlich noch an ihre Familien zu Hause, an den geschmückten Baum, an die Geschenke in der Kinderzeit. Vielleicht feiern heute viele Menschen Weihnachten als Ausdruck der Sehnsucht nach dem verlorenen Paradies.

A:

---

[108] Karl Rahner „Rechenschaft des Glaubens“, Freiburg-Basel-Wien 1979, S. 143 – Aus „Gott ist keine naturwissenschaftliche Formel“ – SW 15, 392

„Sie sind doch Christ? Was feiern Sie eigentlich zu Weihnachten?" Angenommen, ein wildfremder Mensch würde Sie auf dem Weihnachtsmarkt so fragen. Was sagen Sie?

B:

Ich würde mit Karl Rahner sagen: „Weil Gott Weihnachten gemacht hat, ohne uns zu fragen", darum feiere ich auch Weihnachten. Rahner fährt nämlich fort: „Weil Gott Weihnachten gemacht hat...ist es nämlich möglich, dass wir mehr glauben, als wir zugeben...Wir sind immer die, die über sich schon hinaus sind...die Freien, die Selbstverantwortlichen, die Hoffenden."[109]

Woche 51 – Weihnachten - Ein Gespräch 2

A:

Unser „Großes Glaubensbekenntnis" sagt viel über die Menschwerdung Gottes. „Gezeugt, nicht geschaffen", „Aus dem Vater geboren vor der Zeit", „Fleisch geworden durch den Heiligen Geist". Verstehen Sie, was das alles aussagen soll?

B:

Das Geheimnis der Menschwerdung Gottes ist so tief, dass niemand es ergründen und vollständig verstehen kann. Aber es ist nicht etwas, das total unverständlich ist, etwas, wozu es überhaupt keinen Zugang gibt. Es gibt Zugänge zu diesem Geheimnis, das als Geheimnis bleibt. Aber als ein Geheimnis als absolut liebendes Geheimnis, das uns umgibt, uns trägt und SICH SELBST UNS SCHENKT. Die letzte Formulierung ist so recht weihnachtlich: Wir feiern eine Liebesgeschichte, nämlich die Geschichte Gottes mit uns. Er will uns unendlich

---

[109] Karl Rahner „Das große Kirchenjahr", Leipzig 1990, S. 88 – „Gnade in menschlichen Abgründen" – SW 14, 156 f

nahe sein, in seinem Sohn und in seinem Geist. Weil er SICH SELBER VERSCHENKT, können wir Weihnachten feiern.

A:

„Veni redemptor gentium", Komm Erlöser der Heiden! So heißt es im ältesten Weihnachtslied, bei Ambrosius von Mailand. Wie steht es mit den Heiden von heute? Werden die Heiden erlöst? Müssen sie erst Christen werden?

B:

Ich glaube, überall dort, wo Gutes geschieht, ist Gottes Liebe im Vollzug. Das ist das Einzige, was zählt und was bleibt. Viele Menschen werden sich nicht zurecht finden in den ‚geschichtsgesättigten' Glaubensformeln der Kirchensprache. Und unsere Riten erfordern ein behutsames Hineinwachsen. Wir sollten als Christen unseren Glauben so überzeugend und attraktiv leben, dass ‚Heiden' auf uns neugierig werden. Wenn sie dann uns nach dem Grund der Hoffnung fragen, sollten wir mehr können als das Rezitieren althergebrachter Sprachspiele. Wir sollten sie mitnehmen, hineinnehmen in das Leben des Glaubens. Glauben kann man nur in der Gemeinschaft der Gläubigen, im Mit-Leben erlernen. Wichtig scheint mir dabei auch – und darum scheint mir heute Karl Rahner mit seinen Weihnachtsmeditationen so sehr wichtig: Bei allen Bemühungen um eine glaubwürdige Weitervermittlung unseres Glaubens darf die Weisheit der Kirche dabei nicht einfach „über Bord gehen". Nur um sich vielleicht manch ‚Anstößiges' zu ersparen. Die kirchliche Tradition birgt so unendlich viel an geistlichem Reichtum, den es auch für heute zu erschließen gilt. Da kann man übrigens von Karl Rahner unendlich viel lernen.

A:

Wieviel Weihnachten steckt in jedem Menschen schon drin?

B:

Eigentlich sehr viel, denn Gott will das Heil eines jeden Menschen. Darum spricht er in SEINEM GEIST jeden Menschen an. Unsere Aufgabe als Kirche ist es, das oft „verschüttete Herz" (Karl Rahner) gewissermaßen frei zu schaufeln. Wenn all das, was heute den Menschen in Beschlag nimmt - Information, Konsum, das Hasten von Event zu Event- einmal der Stille weicht, dann besteht vielleicht die Chance, dass auch der moderne Mensch spürt: Hinter allem Schönen scheint eine unendliche Verheißung auf. Und die tiefsten Nöte bezeugen gleichsam eine ‚andere Welt', in der „alle Tränen getrocknet sind". Der Traum eines Menschen von der „Lebensfülle" ist etwas, was wir an Weihnachten feiern. Gottes unendlich nahe Liebe in Gestalt eines kleinen Kindes ist die Verheißung, dass unsere Träume keine Fata Morgana sind.

A:

Was bedeutet „Geheimnis"? Führt das Wort nicht ins Nebulöse? Und weg vom realen Leben?

B:

Da muss ich erneut bei Karl Rahner Anleihe machen, der hierzu bleibend Gültiges gesagt hat:

„Das verständlich Gemachte gründet in der einzigen Selbstverständlichkeit des Geheimnisses. Wir sind daher schon immer mit ihm vertraut...Was ist dem Geist, der zu sich selbst gekommen ist ...vertrauter und selbstverständlicher als das schweigende Fragen über alles schon Eroberte und Beherrschte hinaus?" [110]

Nur dieser Realismus hilft uns doch tatsächlich im realen Leben, weil es uns bewusst macht: Vieles ist schön,

---

[110] Karl Rahner „Grundkurs des Glaubens", SW 26, 28

wunderbar, vieles scheint aber oft auch bedrängend, angstmachend. Vom absolut liebenden Geheimnis her dürfen wir hoffen, dass alles Schreckliche nur das vorletzte Wort ist und dass in allem Schönen schon der Glanz des „himmlischen Jerusalems" aufleuchtet. Unser Glaube ist deshalb so relevant, weil er realistisch ist und uns vor himmelstürmender Euphorie ebenso bewahrt wie vor abgrundtiefer Verzweiflung oder einem fraglosen Dahindämmern in der Banalität des Immer und überall.

Woche 52 – Glaubensgespräche mit Glaubenszeugen am 5. März 2025, dem 121. Geburtstag Karl Rahners

Was unser kleines Jahreslesebuch beschließt, ist eine Betrachtung des Glaubens an der Hand von vier Glaubenszeugen, die durch ihre unterschiedlichen Profile und Zugänge ein Bild von der Vielfalt der Glaubenswirklichkeit vermitteln. Im Einzelnen sind dies *Hans Küng* (1928 – 2021), *Eugen Drewermann* (geb. 1940), *Hans Urs von Balthasar* (1905-1988) und *Karl Rahner* (1904-1984), auf den in besonderer Weise eingegangen wird. Nicht nur, weil er heute, am 05.März seinen Geburtstag hätte. Sondern weil er seiner Kirche, die er so sehr liebte, dass er sich bis zum Schluss für sie verausgabte und ihr ein Vermächtnis hinterlassen hat, auf das schon deshalb mit Nachdruck hingewiesen werden muss, weil es zu einem Großteil weder entdeckt noch eingelöst worden ist.

Weltethos

Hans Küng, der Begründer des Projektes ‚Weltethos' war mit der Institution Katholische Kirche sozusagen im ‚Dauer-Clinch' nach der innerkirchlichen ‚Unfehlbarkeitsdebatte', ohne sich jedoch von ihr zu verabschieden bzw. sie zu verlassen. Anders dagegen *Eugen Drewermann,* der sich selbst zu seinem 65. Geburtstag – wie er sagte – das Geschenk der Freiheit machte durch seinen Kirchenaustritt. *Küng und Drewermann* waren bzw. sind international anerkannte Gesprächspartner, die mit ihren Impulsen nachhaltig auf gesellschaftliche Vorgänge einwirkten. So sprach Küng beispielsweise vor der UNO über sein Projekt ‚Weltethos', dessen Anliegen sich mit Frieden, Gerechtigkeit und Bewahrung der Schöpfung treffend beschreiben lässt. Bekannt ist Küngs grundlegende Friedensformel: Kein Weltfriede ohne Frieden zwischen den Religionen.

Glauben des Christentums im Dialog

Eugen Drewermann ist ebenfalls bekannt für sein politisches und gesellschaftliches Engagement, das ihm viele renommierte Preise einbrachte. Küng und auch Drewermann haben in vielfacher Weise auf Gesellschaft und Kirche eingewirkt. Ihr Engagement in Politik und Gesellschaft geschah bzw. geschieht in bewusster Bezugnahme auf das christliche Sinn- und Werteangebot, das sie in großen Abhandlungen mit vielfältigen Bezügen immer wieder in die großen gesellschaftlichen Foren und Diskussionen einbrachten bzw. einbringen. Trotz Ihrer Distanz bzw. Ablehnung konkreter Formen kirchlicher Institutionen begründen sie den Glauben des Christentums umfassend mit großer, internationaler Reichweite, indem sie vom christlichen Glauben her mit vielen anderen Wissenschaften und Weltreligionen einen umfassenden Dialog führten und führen.

Der „gebildetste Mann der Gegenwart"

Hans Urs von Balthasar wurde als der „gebildetste Mann der Gegenwart" (de Lubac) bezeichnet; sein umfassendes Wissen veröffentlichte er nicht nur in seiner großen Trilogie „Herrlichkeit – Theologik – Theodramatik" (16 Bände), sondern auch in vielen Aufsätzen, in Kleinschriften, in vielen Werken der Kirchenväter, die er herausbrachte, einleitete und übersetzte. Balthasar war auch geschätzter Übersetzer und Herausgeber zeitgenössischer christlicher Autoren, besonders aus dem französischen Sprachraum, und wurde wegen seiner Theologie in den Kardinalsstand erhoben.

Das Alte neu sagen

Karl Rahner, dessen 121. Geburtstag in diesem Jahr begangen wird, war ein bekannter Konzilstheologe, dessen Impulse die Kirche aus institutioneller Verkrustung herausführten. Seine Leistung bestand vor allem darin, den Reichtum, die Weite und Tiefe der kirchlichen Tradition für das Hier und Heute aufzuschließen. „Das Alte neu sagen" – vielleicht ist das Rahners ‚Grundformel', mit der er versuchte, den spirituellen Reichtum der Kirche für die Gegenwart fruchtbar zu machen, indem er die von ihm so genannte ‚Schultheologie' – die er wie kaum ein anderer kannte und auch ‚von innen' her verstand – ‚entschlüsselte' und ihren geistlichen Reichtum für das Hier und Heute des Glaubens fruchtbar machte.

Wagnis des Vertrauens

Beginnen wir mit *Hans Küng*. In seinem Buch „Was ich glaube"[111], versucht er eine ‚Glaubensrechenschaft', die gekennzeichnet ist durch eine Fülle von theologischen Überlegungen und persönlichen Erwägungen.

„Doch plötzlich – mitten in diesem Gespräch – durchzuckt mich eine Erkenntnis...Offensichtlich geht es bei dieser Grundfrage nicht um einen Glauben im traditionell-katholischen Sinn des intellektuellen Annehmens übernatürlicher Glaubenswahrheiten...Allerdings auch nicht um einen Glauben im evangelischen Sinn des rechtfertigenden Annehmens von Gottes Gnade in Christo...Bei der bewussten, vernünftigen Begründung der menschlichen Existenz geht es um die Frage...Wie kann ich einen festen Standpunkt gewinnen? Wie mein eigenes Selbst mit all seinen Schattenseiten annehmen? ...Was ging mir da plötzlich auf? Dass mir in dieser Lebensfrage ein elementares Wagnis zugemutet wird, ein *Wagnis des Vertrauens!* Welche Herausforderung: Wage ein Ja! Statt eines abgründigen Misstrauens im Gewand von Nihilismus oder Zynismus riskiere ein grundlegendes Vertrauen zu diesem Leben, zu dieser Wirklichkeit."[112]

Grundvertrauen erfahren

„Rationalistische Philosophen mögen ein solches Vertrauen in die Vernunft für irrational halten...Doch machen sie damit die irrationale Basis ihres Rationalismus offenkundig. Ich selber würde dieses Sich-Verlassen, dieses grundlegende Vertrauen auf die Vernunft, keinesfalls als irrational bezeichnen. Denn das Vertrauen in die Vernunft lässt sich zwar nicht von vornherein beweisen, aber sehr wohl *im Vollzug erfahren: im* Gebrauch der Vernunft, *im* Sich-Öffnen gegenüber der Wirklichkeit, *im* Ja-Sagen. Das Grundvertrauen in die Wirklichkeit lässt sich, wie andere Grunderfahrungen etwa der Liebe

---

[111] Hans Küng „Was ich glaube", München-Zürich 2009
[112] Hans Küng „Was ich glaube", München-Zürich 2009, S. 31

oder der Hoffnung auch, gerade nicht durch Argumentation vorher beweisen, doch auch nicht erst im Nachhinein…Vielmehr lässt sich dieses Grundvertrauen im Lebensvollzug meiner Entscheidung erfahren, ja im Akt des Vertrauens selbst als durchaus sinnvoll, als vernünftig erfahren.

Ein nihilistisches Nein aber, ein zynisches Urmisstrauen, lässt sich zwar durch keine noch so rationalen Argumente erschüttern. Doch verwickelt es sich in immer größere Widersprüche; Friedrich Nietzsches Werk, Leben und geistiges Erlöschen haben das auf bewegende Weise gezeigt. Ein grundsätzliches Ja dagegen lässt sich in der Praxis des Lebens trotz aller Schwierigkeiten und Hemmnisse konsequent durchhalten."[113]

Leben gibt es nur im Glauben

Eugen Drewermanns jüngstes Werk „Alles ist Gnade"[114] ist eine ausführliche Beschäftigung mit dem Römerbrief des Neuen Testamentes. Besonders seine Aussagen und Überlegungen zu Tod und Auferstehung sind beachtenswert, besonders auch im Gespräch mit Andersdenkenden wie Humanisten und Freidenkern. Drewermann gelingt in beeindruckender Weise der Nachweis gegenüber anderen Sinnentwürfen[115], was er schon in seinem

---

[113] Hans Küng „Was ich glaube", München-Zürich 2009, S. 34 f
[114] Eugen Drewermann „Alles ist Gnade", Ostfildern 2025
[115] Vgl. Steven Pinker „Aufklärung jetzt" – Frankfurt am Main 2018 – ein Buch, das für den weltanschaulichen Humanismus besonders wichtig geworden ist. - „Eine ‚Spiritualität', die in den Launen des Schicksals eine kosmische Bedeutung entdeckt, ist nicht weise, sondern töricht. Der erste Schritt zur Weisheit ist die Erkenntnis, dass du den Gesetzen des Universums gleichgültig bist. Der nächste ist die Erkenntnis: Das bedeutet nicht, dass das Leben sinnlos ist, denn es gibt *Menschen,* denen du *nicht* gleichgültig bist, und umgekehrt. Du bist dir selbst auch nicht gleichgültig, und hast die Verantwortung, die Gesetze des Universums, die dich am Leben erhalten, zu respektieren…im Sinne der Erkenntnis, dass deine Existenz kosmisch gesehen nicht weniger wichtig ist als ihre und dass wir alle die Verantwortung haben, die Gesetze des Universums so anzuwenden, dass wir diejenigen Bedingungen fördern, unter denen es uns allen gutgeht." (S.545)

Erstling „Strukturen des Bösen"[116] in die Formel kleidete: „Leben gibt es nur im Glauben".[117]

Perspektive ins Unendliche

„Auf diese Weise entsteht unausweichlich die Frage, wie wir mit der Naturtatsache der Endlichkeit unseres Lebens umgehen. Das erste Paradox besteht bereits darin, dass uns als Menschen die biologischen Antworten nicht meh᠆ schützen, - sie genügen nicht, sie muten geradewegs zynisch an...wir lebten ja weiter in den Kindern...Eine solche Antwort ist sehr beliebt, aber sie ist gänzlich falsch...Es gibt kein persönliches Weiterleben in den Genen...Personalität wird ja nicht in den Genen produziert, sondern in ...dem Riesenstrom von Erfahrungen und Informationen, die wir als individuelle Psychogenese bezeichnen... Die Antwort der Religion lautet: Wir sterben nicht ins Nichts hinein, sondern in die Hände, die uns geformt haben...Diese Perspektivenöffnung ins Unendliche, diese Hoffnung auf ein neues, anderes Leben in Gottes Ewigkeit, hat absolut nichts zu tun mit dem Selbsttrost kindlicher Wunschphantasien; sie bedingt vielmehr, dass wir als Erwachsene der leidigen Todespraxis des sonst ganz >>normalen<< Lebens als eines unendlichen Kampfes ums Überleben endlich ledig werden und wahrhaft als Menschen zu existieren beginnen...Diese Perspektive ins Unendliche ist sehr wichtig, um Humanität in der irdischen Existenz wirklich zu wagen...sie setzt voraus den Glauben und die Zuversicht, dass das, was wir sind, in Gottes Hand unendlich ist und nie vergehen wird. "[118]

Transformation eines Wachstumsprozesses

„Klar ist, dass es nicht dabeibleiben kann, zu sagen: du lebst in unserem Gedächtnis und in unserer Erinnerung, - du bleibst, solange wir noch an dich denken und wohl noch von dir reden...Wir können nur so lange denken, als wir sind; unser Bewusstsein hängt von

---

[116] Eugen Drewermann „Strukturen des Bösen", I – III, Paderborn 1977/78
[117] Eugen Drewermann „Strukturen des Bösen", III, Paderborn 1978, S. XLI ff
[118] Eugen Drewermann – Michael Albus „Die großen Fragen", Ostfildern 2012, S.57-60

unserem Sein ab, und wie lange sind wir selbst? Es ist nichts als ein täuschendes Wortspiel zur Selbstberuhigung, von einem >>Weiterleben in unserem Gedächtnis<< zu sprechen. [119]

Drewermann spricht von Reifung der Person, von einem Wachsen in der Annahme, im existentiellen Wissen - gerade, weil man nicht perfekt ist, weil man abhängig ist - gehalten zu sein – und zwar bedingungslos! Hier scheint für ihn GOTT auf:

„Wenn dies die Ausrichtung unseres Daseins ist, lässt sich der Tod dann nicht auch anders denken als in der Form, in der er uns erscheint? Er erscheint uns als eine schmerzliche Trennung, als ein Verlust, als eine sinnlose Zerstörung; wie aber, er wäre in Wirklichkeit nur die Transformation eines Wachstumsprozesses, der an sein Ziel gelangt?" [120]

Ein Haus voll Glorie

Um uns dem Denken *Hans Urs von Balthasars* (1905-1988) gedanklich zu nähern, mag zunächst ein Blick auf den Anfang eines Kirchenliedes hilfreich sein. Es war in vorkonziliarer Zeit vielleicht d e r katholische ‚Schlager' angesichts vieler Infragestellungen, Ängste und Unsicherheiten. Es geht um das Kirchenlied: „Ein Haus voll Glorie schauet" in dem es heißt, dass es „weit über alle Land" hin sichtbar ist. Es ist auf Dauer angelegt, denn es ist „aus ew-gem Stein erbauet von Gottes Meisterhand." Da kann nichts mehr ‚schiefgehen', da ist der ‚Sieg' schon eingepreist. Wer Balthasar liest, kann sich des Eindrucks nicht ganz erwehren, dass sein Glaube irritationsfest ist gegenüber vielen Fragen und Unsicherheiten. Illustrieren möchte ich dies an dem kleinen Beispiel seiner Überlegungen zum Verhältnis des Christentums zu anderen Weltreligionen. [121]

---

[119] Eugen Drewermann „Alles ist Gnade", Ostfildern 2025, S. 273 f
[120] Eugen Drewermann „Alles ist Gnade", Ostfildern 2025, S. 277
[121] Hans Urs von Balthasar „Das Christentum und die Weltreligionen – Ein Durchblick, Freiburg 1989, S.14 f

„Das (westliche) Nicht-mehr-Stellen der Frage nach Gott ist ein Erschlaffungsphänomen, das seine eigene Gültigkeit widerlegt. Der religiöse Sinn in der Natur des Menschen kann eingeschläfert, aber niemals ausgerottet werden. Weil die großen Religionen ihn alle besitzen und lebendig erhalten, alle nach dem göttlichen Sinngrund des Daseins Ausschau halten, besitzen sie eine tiefe Gemeinsamkeit, weshalb unter ihnen grundsätzlich Toleranz zu walten hat….

Christus in der Gestalt der Erniedrigung

Seit Jesus Christus mit dem Anspruch auftrat, als Sohn Gottes die unmittelbare Darstellung seines göttlichen Vaters zu sein und den Geist Gottes zu besitzen und ihn sogar zu verleihen: seither kann der Mensch sich anmaßen, selber das Absolute, das Autonome sein zu wollen, das sich selber Gesetz ist…Hier wird nur vergessen: dass Christus in der Gestalt der >>Erniedrigung<< erschien…

In welcher Religion auch immer

Auf diese beiden Weisen der Vergöttlichung des Menschen wird die Weltgeschichte, auch die Religionsgeschichte zulaufen; denn auch wenn die übrigen Weltreligionen weiterbestehen…sie werden unfehlbar in den Sog eines dieser beiden Pole hineingenommen werden. Dass sie zum Christlichen in einer innern Beziehung stehen können, gehört zum Selbstverständnis dieser >>umfassenden<< (>>katholischen<<) Religion: der sich in Jesus Christus offenbarende Gott ist der sich erbarmende Vater aller, die ihn aus ehrlichem Herzen suchen: in welcher Religion immer sie leben mögen, Gottes Sohn ist aus Liebe zu Gott und zu den Menschen in seiner Passion für die Schuld aller gestorben und hat ihnen in seiner Auferstehung den Weg zu ewigem Leben in Gott eröffnet."

Herz-Jesu-Verehrung

Diese „Schau der Gestalt"[122] kann hilfreich sein, (für den, der sie hat!) um im Blick auf das Herz Jesu gestärkt zu werden in Glauben,

---

[122] „Herrlichkeit" ist der Titel von Band I der Trilogie von Hans Urs von Balthasar: Herrlichkeit – Theologik - Theodramatik

Hoffnung und Liebe. Gerade die Herz-Jesu - Verehrung - heute fast völlig aus der Mode gekommen - bietet ein unerschöpfliches spirituelles Reservoir, worauf in einer lesenswerten Arbeit Wolfgang Schneider aufmerksam gemacht hat, der an entscheidender Stelle auf Gebete Karl Rahners zurückgreift:

„Gott, ewiges Geheimnis, Unermesslichkeit ohne Namen, seliger Abgrund, der alles birgt, von keinem umfasst, Du hast Dein ewiges Wort selbst in Deine Schöpfung und in unser Dasein ausgesagt, damit Dein ewiges Geheimnis die unsagbare bergende Nähe für uns und die Mitte der Welt selbst werde! Wir schauen auf dieses Dein ausgesagtes Wort, wir schauen auf den, der das Herz der Welt ist, wir blicken auf das Herz des Sohnes, das wir durchbohrt haben. Alle Unbegreiflichkeit, die wir und unser Dasein sind, birgt sich in diesem Herzen, alle Angst des Daseins bleibt von ihm gefasst, alles Hohe und Heilige wandert zurück zu diesem seinem Ursprung. Alles findet dort sein wahres Wesen und erkennt sich als Liebe. Alles geht ein in das Geheimnis, das selige Liebe ist." (Rahner, Karl, „Gebete des Lebens", 19-25; 47-53, 82-88.u.ö.)[123]

Gebet um die Hoffnung

Karl Rahner hat es - das wird oft nicht wahrgenommen, wenn man sich mühsam durch seine langen, oft verschachtelten Sätze in den theologischen Aufsätzen quält - vermocht, die mitunter sperrigen Vokabeln theologischer Sprache in seinen Gebeten und Meditationen so ‚aufzubereiten', dass sie tatsächlich gut verständlich sind- ohne dass damit eine Vereinfachung oder eine ‚Gewichtserleichterung' des katholischen Glaubens, wie ihm gerne vorgeworfen wurde und wird, einherging. Ein sehr schönes Beispiel (neben vielen anderen!) bietet in Bezug auf die Trinitätstheologie Rahners „Gebet um die Hoffnung".

---

[123] Wolfgang Schneider „Die Herzenswunde Gottes" – Die Theologie des durchbohrten Herzens Jesu als Zugang zu einer spirituellen Theodizeefrage, LIT, Berlin 2008, S.433

„Wir bitten dich, Gott der Gnade und des ewigen Lebens: Mehre in uns, stärke in uns die Hoffnung…Lass uns immer Sehnsucht haben nach dir, der unendlichen Erfüllung des Wesens…Die Hoffnung der Herrlichkeit aber, ewiger Gott ist dein eingeborener Sohn. Er ist der, der dein unendliches Wesen besitzt von Ewigkeit zu Ewigkeit…er besitzt alles also, was wir erhoffen und ersehnen…Dein ewiges Wort, Gott der Herrlichkeit, ist Fleisch geworden, ist geworden wie einer aus uns, er hat sich erniedrigt und Menschengestalt angenommen…ein menschliches Schicksal bis in seine fürchterlichsten Möglichkeiten…Christus in uns ist die Hoffnung der Herrlichkeit. Denn wenn du uns deinen Sohn schenkst, was könnte dann noch sein, was du etwa zurückbehalten hättest?... Wir sind Brüder des Erstgeborenen, des Einziggeborenen, Brüder deines Sohnes, Miterben an seiner Herrlichkeit. Wir nehmen teil an seiner Gnade, teil an seinem Geist, teil an seinem Leben, teil an seinem Schicksal…Nicht mehr wir leben unser Leben, sondern Christus, unser Bruder, lebt in uns und durch uns sein Leben…Er will sein eigenes Leben in uns weiterführen bis zum Ende der Zeiten, er will in uns und in unserem Leben die Herrlichkeit, die Größe, die Schönheit und die Segenskraft seines Lebens offenbaren.“[124]

Zelt Gottes

Man könnte, um einen Vergleich mit Hans Urs von Balthasar an dieser Stelle anzustellen, noch einmal auf das o. g. Kirchenlied zurückkommen. Das „Haus voll Glorie‘, das für Balthasar ziemlich unverrückbar steht, ist für Karl Rahner eher das – durchaus zugige, vom Wind gebeutelte „Zelt Gottes unter den Menschen“, das die Pilgerexistenz kennzeichnet. „Seht Gottes Zelt auf Erden! Verborgen ist er da; in menschlichen Gebärden bleibt er den Menschen nah.“- so heißt es im Lied. „Wir sind nur Gast auf Erden“ - diese Spiritualität des Pilgers – sie ist typisch für Karl Rahners Spiritualität, die sich vor allem in seinen Gebeten und Meditationen findet:

---

[124] Aus Karl Rahner „Beten mit Karl Rahner“, Freiburg-Basel-Wien, 2004, Band 2 "Gebete des Lebens", S. 107 ff – aus „Gebet um die Hoffnung“, SW 14, 351 ff

„Wir sind unterwegs, Wanderer zwischen zwei Welten. Weil wir noch auf Erden wandeln, lasst uns bitten um das, was wir auf dieser Erde brauchen. Da wir aber Pilger der Ewigkeit auf dieser Erde sind, lasst uns nicht vergessen, dass wir nicht so erhört werden wollen, als ob wir hier eine bleibende Stätte hätten…"[125]

Nachfolge in der Liebe zum Nächsten

„Herr Jesus Christus, du selbst hast mir einen Weg zu einem wirklichen, mein Leben bestimmenden Glauben gewiesen. Es ist der Weg der alltäglichen und tätig hilfsbereiten Liebe zum Nächsten. Auf diesem Weg begegne ich dir, unbekannt und erkannt. Führe mich, Licht des Lebens, diesen Pfad. Lass mich ihn in Geduld gehen, immer weiter und immer neu. Gib mir die unbegreifliche Kraft, mich selbst an den Menschen zu wagen, in der Gabe mich selbst zu geben. Dann trittst du selber in unbegreiflicher Einheit mit denen, die meine Liebe empfangen, im Nächsten mir entgegen: Du bist der, der das ganze Leben der Menschen annehmen kann, und du bleibst zugleich der, in dem es, weggegeben an Gott, nicht aufhört, Liebe zum Menschen zu sein.

Mein Glaube an Dich ist unterwegs, und ich sage mit dem Mann im Evangelium: ‚Ich glaube; Herr, hilf meinem Unglauben.' Führe mich deinen Weg, du der du Weg zum Nächsten, unbekannt gesuchter Bruder und darin Gott bist. Jetzt und immer. Amen."[126]

Das Wort Gottes als Zusage an mich

„Jesus, du hast die unbegrenzte, alles eröffnende und prüfende Frage des menschlichen Daseins gestellt, die ich selber bin. Aber dies geschah nicht bloß in Worten, sondern durch deine ganze Geschichte, nicht halb und mit Vorbehalt wie ich. Ich klammere mich dagegen an das einzelne, das sicher ist, und halte mich an den Tod,

---

[125] Karl Rahner „Beten mit Karl Rahner", Freiburg – Basel-Wien 2004, Band 1 „Von der Not und dem Segen des Gebetes", S.129 – SW 7, 84
[126] Karl Rahner „Gebete des Lebens– In der Jubiläumsausgabe „Beten mit Karl Rahner", Band 2, 2004, S.92 – SW 22/1b, 710

den ich als die Fraglichkeit schlechthin nur von ihm her erleide, ihn aber nicht aktiv vollziehe. Du bist die radikale Frage, die ich sein sollte. Du bist nämlich frei gestorben, und Gott stellte in dir diese grenzenlose Frage als seine eigene, nahm sie selber an und hob sie in jene Antwort auf, die seine heilige und selige Unbegreiflichkeit selber ist.

Was die Kirche, deren getauftes Glied ich bin, mir von dir sagt, klingt mir oft unbegreiflich. Lehre mich durch mein Leben, was damit gemeint ist. Ich will geduldig sein und warten können. Ich will versuchen, es mir immer wieder in das zu übersetzen, was ich an dir erfahre. Ich will auch das, was ich erfahre, weiten und einbergen in das, was deine Kirche von dir glaubt und bekennt.

Du bist gestern, heute und in Ewigkeit, weil dein Leben vor Gott nicht verlorengegangen sein kann. Du bist die unendliche Frage, an der ich und mein sterbendes Leben teilhaben, eben der Mensch. Du bist das Wort Gottes, weil Gott sich selbst mir in dir zusagte und sich selbst als Antwort aussagte. Du bist die Antwort Gottes, weil die Frage, die du als der sterbend Gekreuzigte bist, mit Gott selbst ewig beantwortet ist in deiner Auferstehung. Du bist der Gott-Mensch, beides, unvermischt und ewig ungetrennt. Lass mich im Leben und Sterben dein sein. Amen."[127]

Begegnung mit Jesus

„Jesus, alle Dogmatik über dich ist gut, und ich sage vor ihr gern immer wieder: Ich glaube, ‚Herr, hilf meinem Unglauben.‘ Aber alle Dogmatik über dich ist nur gut, weil sie mir das mir eigene, innere Bild von dir, nein dich selbst verdeutlichen soll, wie du dich selbst mir in deinem Geist ins Herz sagst und wie du mir schweigend begegnest im Geschick meines Lebens als der Erfahrung dieser deiner inwendigen Gnade.

---

[127] „Beten mit Karl Rahner", 2004, Freiburg, Band 2, S. 92 f – SW 22/1b, 710 f

Im Nächsten, an den ich mich ohne Rückversicherung wagen muss, in der Treue zum Gewissen, die sich nicht mehr lohnt; in aller Liebe und Freude, die doch nur Verheißung ist und fragt, ob ich den Mut habe, an die ewige Liebe und Freude zu glauben; in dem langsamen Ansteigen der dunklen Wasser des Todes in der Grube meines Herzens, in der Finsternis des Todes, der ein Leben lang gestorben wird, in der Alltäglichkeit der schweren Dienste täglicher Bewährung: überall begegnest du mir, allem bist du inwendig, ungenannt oder mit Namen angerufen. Denn in allem suche ich Gott, um der tötenden Nichtigkeit zu entfliehen, und in allem kann ich den Menschen nicht lassen, der ich bin und den ich liebe. Darum bekennt alles dich, den Gott-Menschen. Alles ruft nach dir, in dem als Menschen man Gott schon hat, ohne nochmals den Menschen lassen zu müssen, und in dem als Gott man den Menschen finden kann, ohne fürchten zu müssen, dem bloß Absurden zu begegnen.

Ich rufe dich an. Die letzte Kraft meines Herzens greift nach dir. Lass mich dich finden, dir begegnen in meinem ganzen Leben, damit langsam mir auch verständlich wird, was die Kirche mir von dir sagt. Es gibt nur zwei letzte Worte: Gott und Mensch, ein einziges Geheimnis, in das ich mich völlig, hoffend und liebend ergebe. Dieses Mysterium ist ja in seiner Zwiefalt wahrhaft eines, es ist eins in dir, Jesus Christus. Zu dir sage ich, meine Hand in deine Wunde legend, mit dem zweifelnd fragenden Thomas: ‚Mein Herr und mein Gott‘. Amen.“[128]

---

[128] „Beten mit Karl Rahner“, 2004, Freiburg, Band 2, S. 93 f - SW 22/1b, 711

Epilog

Am Ende dieses Glaubensgespräches, als Epilog gewissermaßen, soll eine ‚Synopse' zweier Glaubensbekenntnisse stehen. Sie stammen von den eben besprochenen Theologen, die landläufig als ‚Antipoden' gelten, *Karl Rahner* und *Hans Urs von Balthasar*. Dass diese Kennzeichnung eher einer oberflächlichen Betrachtungsweise Vorschub leistet und z.T. stärker auf einer menschlichen Entfremdung beider Theologen beruht, sei nur am Rande erwähnt. Jedenfalls wird man sagen müssen, dass beide Theologen die katholische Theologie im 20. Jahrhundert entscheidend mitgeprägt haben. Beide haben unterschiedliche Zugänge und Ansätze in der Theologie eröffnet bzw. fruchtbar gemacht, die auch heute, im 21. Jahrhundert noch wirkmächtig sind.

Wie in einer ‚Kurzformel des Glaubens' haben sich beide explizit mit der Frage auseinandergesetzt: *„Warum bin ich heute Christ?"* In beiden Beiträgen geht es um letzte, grundsätzliche Fragen des Glaubens. Sie sind auch vom Titel her fast identisch und bilden so etwas wie eine abschließende „Summerformel" beider Theologen:

Rahner und von Balthasar

„Ich finde, Christ sein ist die einfachste Aufgabe, die ganz einfache und darum so schwere leichte Last, wie im Evangelium steht. Wenn man sie trägt, trägt sie einen. Je länger man lebt, umso schwerer und leichter wird sie. Am Ende bleibt das Geheimnis. Es ist aber das Geheimnis Jesu."[129] (Karl Rahner)

„Das Fordernste ist auch das Schönste. Das Schwerste erweist sich, weil es die Liebe ist, als ‚leichte Bürde', sanftes Joch. ' Als das, was man bei allem Sträuben schließlich am liebsten tut. Menschlich ist Liebe eine Möglichkeit der Freiheit unter andern. Göttlich wird Liebe

---

[129] Karl Rahner/ Karl Heinz Weger „Was sollen wir noch glauben?", Herder – Freiburg, Basel, Wien, 1979, S. 207. Die Sätze stehen am Ende eines Beitrages von Karl Rahner unter dem Titel: *„Ich glaube an Jesus Christus "* – Identisch mit Karl Rahner „Praxis des Glaubens", Herder/Benziger, 1982, *„ Warum bin ich heute ein Christ?"*, S.38/39 - SW 28, 663 f

zu der Manifestation der göttlichen Freiheit, bewiesen in Anspruch, Kreuz und Auferweckung Jesu".[130] (Hans Urs von Balthasar)

Beide Theologen, Karl Rahner und Hans Urs von Balthasar, betonen *gemeinsam:* Glaube ist gleichzeitig das Fordernde, das Schwere einerseits, das Schönste, das Einfachste andererseits. Und: Glaube hat mit dem Leben unmittelbar zu tun.

Das Trennende der beiden theologischen Ansätze ist allerdings auch unübersehbar:

Für Karl Rahner ist der Lebensvollzug, der vom Geheimnis durchwaltet wird, das Entscheidende. Die Hoffnungsperspektive wird begründet aus dem existentiellen Wissen um das Geheimnis Jesu. Dieses „Wissen" wird erfahren und angeeignet in der gläubigen Nachfolge Jesu. Gottes Selbstmitteilung, sein Heiliger Geist, der in uns wirkt, ermöglicht uns diese Nachfolge Seines Sohnes und unseres Bruders.

Darüber hinaus kennt Hans Urs von Balthasar eine Form göttlicher Liebe, die *„Beweischarakter"* hat. Er findet sie in der „Schau der Gestalt" des Christusereignisses.

Liebe, so oder so

Solche Liebe, die für Balthasar „objektive Evidenz" besitzt, kennt Karl Rahner nicht. Im Gegenteil: Für Karl Rahner ist der *Verzicht* auf solche Art von ‚Beweis' entscheidend: Liebe muss für Rahner auf letzte Gewissheit verzichten und kann sich nur ‚aufheben' in eine Haltung absoluten Vertrauens. Darum mag die Glaubensoption von Balthasars ‚schön' sein. Hilfreich für mich ist eher Karl Rahner geworden, der immer wieder auf den Vollzug der Nachfolge insistiert.

Allerdings kann uns der gläubige Blick auf das Kreuz Jesu auch nach Karl Rahner Hilfe, Trost und Stärkung sein, ja gewissermaßen

---

[130] Hans Urs von Balthasar in „2 Plädoyers", Kösel – Verlag München, 1971, S. 52. Die Sätze stehen am Ende des Beitrages von Hans Urs von Balthasar unter dem Titel: *„Warum ich noch ein Christ bin".*

„Einweisung" in das Heilige Geheimnis, das uns von allen Seiten umgibt und uns unendlich nahe ist. Darum ist für Karl Rahner auch der Mensch das „Ereignis der vergebenden und liebenden Selbstmitteilung Gottes", die es uns ermöglicht, IHN in SEINER Liebe (wieder) zu lieben.

Wovon lebt der Mensch?

D A S ist der Kern dessen, worum sich der Glaube der Kirche bewegt. Es ist darum auch der Kern der Theologie Karl Rahners, dass wir VON IHM ERGRIFFEN SIND. Diese ‚Urevidenz' des Glaubens, sein ‚Geschenkcharakter' macht die Theologie Karl Rahners zu einer Option für den Glauben im Hier und Heute, inmitten aller Orientierungslosigkeit, aller Fragwürdigkeit, aller (vermeintlichen) Allmachtsphantasien und Ohnmachtserfahrungen. Sie ist vielleicht d a s Korrektiv in und zu einer Welt, die einem ungebremsten, naiven Fortschrittsoptimismus huldigt. Denn mit ungewöhnlicher Wucht drängt sich gerade heute die Frage auf: Wovon lebt der Mensch? Was macht ihn aus? Sie drängt sich überall dort vehement auf, wo diese Frage zugelassen wird und nicht einer Verdrängungsstrategie zum Opfer fällt, die sich im Digitalzeitalter Möglichkeiten zur Manipulation und Selbstsuggestion geschaffen hat, von denen Geheimdienste im 20. Jahrhundert nur träumen konnten. Doch selbst die geschicktesten Verdrängungskünstler schaffen es offensichtlich nicht vollständig, die Frage nach dem Menschen zu unterdrücken. Wie anders soll man sich das Erstarken skurrilster Verschwörungsmythen sonst erklären als dadurch, dass der Mensch – bei allem Fortschritt und allem Angsterleben – Halt und Orientierung sucht und benötigt?

„Von nichts anderem wirklich kann ein Mensch leben als von dem Vertrauen, trotz allem umfangen zu sein von etwas, das er nicht kennt noch beweisen kann und das ihn dennoch besser kennt als er sich selbst und das ihn doch als berechtigt erweist inmitten einer Welt sonst unauflösbarer Widersprüche."[131]

---

[131] Eugen Drewermann „Dass auch der Allerniedrigste mein Bruder sei", Walter – Verlag Zürich und Düsseldorf, 1998, S. 7

Menschsein in Gefahr

Um diese frohe Botschaft geht es. Die Kirche richtet sie zu allen Zeiten und an allen Orten aus, denn sie kann gar nicht schweigen von ihrer großen Hoffnung des Lebens. Auch und gerade in ziemlich „winterlicher Zeit" (Karl Rahner) des Glaubens. In einer Zeit, die den Menschen nur allzu gern reduziert auf das, was er machen, was er ‚leisten' kann. Die den Menschen nur zu häufig ‚klassifiziert' in Verbraucher oder Konsumenten, die ihn reduziert und einsetzt in Kosten – Nutzen – Rechnungen und wenig oder gar nicht auf seine unersetzbare Würde, seine Einmaligkeit Bezug nimmt. Weil sie dafür keinen Maßstab (mehr) hat, weil das Fundament dafür verlorengegangen zu sein scheint. Dieses unverrückbare Fundament besteht in der – kirchlich gesprochen – ‚Gottebenbildlichkeit des Menschen'. Sie läuft in dem Maße Gefahr, aus dem Blick und dem Gedächtnis zu geraten, wie der Mensch selbst aus dem Blick gerät. Durch dieses Vergessen, diese „Blindheit", gerät letzten Endes das Menschsein selbst in allerhöchste Gefahr. Eine Gefahr, vor der deshalb nicht laut genug gewarnt werden kann. Es droht nämlich nichts weniger als die Abschaffung des Menschen! Denn wenn der Mensch nicht mehr nach sich, nach dem Ganzen, nach Sinn und Ziel fragt, dann hat er nicht nur Gott vergessen. Er hat sich selbst vergessen. Und – das Allerschlimmste – er läuft dann auch Gefahr, buchstäblich zu vergessen, dass er dies alles vergessen hat. Darum findet sich die „Meditation über das Wort Gott" auch in Karl Rahners „Einführung in den Begriff des Christentums":

Aufhören, ein Mensch zu sein

„Das Wort ‚Gott' soll verschwunden sein, spurlos und ohne Rest…Dann ist der Mensch nicht mehr vor das eine Ganze der Wirklichkeit … gebracht. Er würde in der Welt und in sich steckenbleiben…Der Mensch hätte das Ganze und seinen Grund vergessen und zugleich vergessen- wenn man das noch so sagen könnte -, dass er vergessen hat. Was wäre dann? Wir können nur sagen: Er würde aufhören, ein Mensch zu sein. Er hätte sich zurückgekreuzt zum findigen Tier.'[132]

Sein-wie-Gott

Eugen Drewermann nimmt diesen Gedanken Rahners auf und führt ihn weiter. In einem Brief schrieb er:

„Was selbst er (Karl Rahner – RH) nicht wusste: wir kreuzen uns nicht zurück, wir feiern es als transhumanes Gottmenschentum. Bei Dostojewski war Kirillos Vision vom Menschgott geboren aus Tod, Schmerz und Angst, bei diesen jetzt von einem Sein-wie Gott in biblischem Format. Vom Frieden Christi, den die Welt nicht geben kann (Joh. 14) will man schon gar nichts wissen... Und doch: Die Rettung dieser Welt liegt einzig in dem Geist, den Jesus uns gesandt hat."

Glaubwürdigkeit der Botschaft

Reinhold Schneider resümiert deshalb tiefsinnig am Ende seines Lebens, wenn er gleichsam den Extrakt seiner Lebenserfahrung mit dem Glauben von der Menschenfreundlichkeit Gottes konfrontiert:

> „.... Es ist besser, zu sterben mit einer brennenden Frage auf dem Herzen, als mit einem nicht mehr ganz ehrlichen Glauben."[133]

Es ist tröstlich und ermutigend zugleich, zu erleben, dass es – entgegen dem Anschein – doch viele „Verbündete im Glauben" gibt. Wir müssen mit Trauer und Sorge zur Kenntnis nehmen, dass Menschen - aus welchen Gründen auch immer- sich nicht entschließen können, zur Kirche ein uneingeschränktes Ja zu sprechen. Wir müssen allerdings eine Unterscheidung treffen: Die Schwierigkeiten mit der Institution Kirche sind *ein* wesentlicher

---

[132] Karl Rahner „Grundkurs des Glaubens", St. Benno – Verlag Leipzig, 1978, S. 57f- SW 26, 51 f
[133] Reinhold Schneider, „Kein Ausweichen mehr", Herder, Freiburg – Basel – Wien, 1989, S.148

Aspekt. Er ist in vielerlei Hinsicht nachvollziehbar, wenn man den Missbrauchsskandal in der Kirche und den Umgang damit erlebt. Die Frage der Teilhabe von Frauen, die widersprüchlichen Aussagen zur Frage der Interkommunion, die immer wieder geäußerten Verdächtigungen zum synodalen Prozess der Kirche in Deutschland, die Struktur – und Finanzdebatten in den Bistümern – all das erhöht die Glaubwürdigkeit der kirchlichen Botschaft gerade nicht, ganz im Gegenteil. Immer mehr Menschen wenden sich – laut oder leise – von dieser Institution ab.

Gott ist nicht aus der Welt zu schaffen

Dabei „schütten sie das Kind mit dem Bade aus", denn der Glaube an den uns liebenden, uns „unsagbar nahe" gekommenen Gott gilt, diese Zusage bleibt, ob sie ankommt, das liegt mit in den Händen jener, die berufen sind, von dieser Hoffnung und Liebe Zeugnis in der Welt und für die Welt zu geben. Diese Berufung ist eine große Auszeichnung, sie ist eine Würde, die auch eine große Bürde sein kann. Sie ist ein Angebot, das man annehmen, aber auch ablehnen kann. Die Kirche kann ihren Auftrag verraten, ihm nicht gerecht werden. Gott aus der Welt zu schaffen, das kann sie nicht – Gott sei Dank!

Gottes Liebe gilt und bleibt

All jenen – und das stimmt froh und hoffnungsvoll trotz aller Schwierigkeiten mit und in der Institution Kirche - denen das Gespür nicht abhandengekommen ist, was es mit dem Menschen eigentlich auf sich hat, werden von ihrer Hoffnung nicht schweigen (können). Sie werden -in Wort und Tat – bezeugen, was verlorengeht – nämlich alles - wenn Menschen das Eigentliche, dass sie zur Liebe berufen sind, ja dass sie immer schon – und zwar bedingungslos – geliebt sind, aus dem Blick verlieren. Gottes Liebe gilt und sie bleibt. Ob wir das „verschüttete Herz" (Karl Rahner) wieder öffnen – davon hängt ab, ob die Kirche heute und morgen ihrem Auftrag gerecht zu werden vermag.

Gottes Geist schafft immer Neues

Vielleicht ist es der Kirche heute mehr denn je aufgetragen, noch viel liebevoller ihre Zeitgenossinnen und Zeitgenossen wahrzunehmen, zu schauen, ob und wo und wie im Leben Akte des Vertrauens, der Hoffnung, der Liebe gesetzt werden. Das sind nicht „die glänzenden Laster der Heiden", wie Augustinus es noch meinte. Gottes Geist wirkt, wo er will. Und sein Wehen schüttelt nicht nur die festgefügten Bauten unserer Erkenntnisse, Begriffe und Vorstellungen. Sein Geist schafft immerfort Neues, auch und vielleicht gerade dann, wenn wir es nicht vermuten. Er öffnet Wege ins Weite – weil, wie Karl Rahner nicht müde wurde zu betonen, der Mensch immerfort an das „unendliche, unbegrenzt liebende und unbegreifliche Geheimnis" im Leben gerät, das ihn umfängt, das ihn umgibt und trägt.

Grundfragen christlicher Existenz oder Christen aufscheuchen

Darum sei zum Schluss aus einem Briefwechsel zitiert aus der Mitte des vergangenen Jahrhunderts, in dem heftig und freundschaftlich zugleich gestritten wird um Grundfragen christlicher Existenz. Ein „bekennender Nichtchrist" schreibt dort seinem christlichen „Kontrahenten" und Freund Sätze des Glaubens „in' s Stammbuch", die ihm eine Bestätigung geradezu abverlangen:

„Unser ganzer aufwendige Kampf gegen den Bolschewismus ist aussichtslos, wenn es den westlichen Demokratien nicht gelingt, in ihren Angehörigen den Sinn für jene höheren Bedürfnisse zu wecken, die eine materialistisch-pragmatische Zivilisation niemals befriedigen kann. Nur der Wunsch nach subtileren Freuden, als sie ein Eisschrank oder ein Automobil gewähren, wird den Kommunismus überrunden. Nichts sonst. Keine Wasserstoffbombe und keine Moralpredigt…Hier geht es nicht um die Frage, welche Philosophie und welche Freuden, die ,wahren' sind, sondern hier geht es um die

Rettung des Glaubens als einer Fähigkeit, deren Verlust den Menschen um die eigentliche Bedeutung seiner Existenz bringt."[134]

Wenn ich diese Sätze auf mich wirken lasse, so habe ich den Eindruck, sie sind nicht vor 65 Jahren, sondern heute, im Jahr 2025 geschrieben worden, um (endlich), wie es im Kirchenlied heißt, die Christen ‚aufzuscheuchen' „aus dem Schlaf der Sicherheit".

---

[134] Gerhard Szczesny in Friedrich Heer/ Gerhard Szczesny „Glaube und Unglaube", Paul List Verlag München, 1960, S. 113/ 114. Auf S. 123 bestätigt Friedrich Heer ausdrücklich diese Sicht von Szczesny.

Zum Autor

Rudolf Hubert (geb. 1958) war viele Jahre Geschäftsführer des Kreisverbandes Westmecklenburg - Caritas Mecklenburg e. V. und seit 2019 Referent der Caritaspastoral im Caritasverband für das Erzbistum Hamburg e. V. Seit Januar 2025 ist Rudolf Hubert im Altersruhestand.

Univ. Prof. Dr. Roman Siebenrock schrieb über Rudolf Hubert: „Als Schüler in der ehemaligen DDR ist er auf das Büchlein von Karl Rahner gestoßen: „Von der Not und dem Segen des Gebetes". Mit diesem Büchlein konnte er spirituell und intellektuell in der damaligen Situation Boden gewinnen. Seine anhaltende Beschäftigung und vertiefende Auslegung des Werkes Karl Rahners hat er in der umfassenden Studie zusammengefasst: „Im Geheimnis leben. Zum Wagnis des Glaubens in der Spur Karl Rahners ermutigen." Würzburg: Echter 2013.

Dieses Werk kann als vertiefende Auslegung ebenso empfohlen werden, wie als mystagogische Anleitung zur eigenen Glaubensfindung bzw. -vertiefung."

Weitere Texte des Autors finden Sie auf seiner Internetseite. Hier gibt es einen Block, Impulse und Rezensionen

www.rudolfhubert.de

„Ich gratuliere zu dieser schönen Sammlung. Möge sie viele Menschen zum Nachdenken und Betrachten anregen."

Prof. Dr. Roman Siebenrock, Innsbruck, 2025

Das Heilige Jahr 2025 wurde von Papst Franziskus unter das Motto: „Pilger der Hoffnung" gestellt. Diesem Motto fühlt sich das Jahreslesebuch verpflichtet, das von Rudolf Hubert in enger Zusammenarbeit mit Thomas Hoffmann zusammengestellt wurde. Leitlinie war – neben dem Jahresthema des Heiligen Jahres – auch das Caritas-Jahresthema 2025: „Da kann ja jeder kommen." Rudolf Hubert war viele Jahre Mitarbeiter der Caritas und ist seit Januar 2025 im Ruhestand.

Dieses Jahrbuch zum Heiligen Jahr zeichnet sich auch dadurch aus, dass spirituelle und theologische Begleiter ausführlich zu Wort kommen, u.a. Eugen Drewermann, Hans Urs von Balthasar und vor allem Karl Rahner, auf dessen Impulse und Anstöße Rudolf Hubert in Aufsätzen und Büchern immer wieder aufmerksam gemacht hat. Das Jahreslesebuch zum Heiligen Jahr 2025 möchte dazu einladen, in ein Glaubensgespräch einzutreten, um im Dialog sich der Freude und Schönheit des Glaubens zu vergewissern und um im Leben mehr Hoffnung und Liebe zu wagen.